SÓ VOCÊ PODE FAZER VOCÊ

Destrua suas histórias mentirosas
e crie uma vida de propósito

RICARDO KOANUKA

Publicado por Koanuka Films & Marketing

Produção editorial: Christina Wallin

Edição e revisão: Eliecim Fidelis

Ilustrações: Lina Gabriela Bayona Pineda

Copyright © 2020 Koanuka Films & Marketing

Todos os direitos reservados.

ISBN: 978-91-519-2758-9

CONTEÚDO

1 PROPÓSITO **10**
O rebelde 18
Crie a si mesmo 19
Sua receita única para o sucesso 23
Sincronicidade 26
Eu era louco o suficiente para acreditar em mim mesmo 30
Projeto de vida 36

2 Propósito versus Meta **43**
Linha do tempo da vida 46
De 0 aos 19 anos 47
Dos 20 aos 65 anos de idade 48
Dos 65 aos 80 anos 49
Segurança e medo versus aventura e coragem 54
Ame a SEXTA-FEIRA à noite X esqueça os outros dias 55
Planejar a aposentadoria x Não ver nenhuma razão para se aposentar 56
Sucesso = dinheiro X Sucesso = realização 58
Minha receita única para o sucesso 62

3 Esclareça seu propósito **64**
Método 1 66
O exercício da caneta 69
Método 2 75
Diamantes 81
Paixões Não-Vivenciadas 82
Terceiro método 85
Só você pode "FAZER" você. 86
Koanuka 87
Método 4 89
Frustração 91
Método 5 92
Desejo 95

4 Ação..**97**
Por que você deve sair da sua zona de conforto? 108
O guru...109
Cérebro, medo e zona de conforto 112
Primeiro caso 114
Segundo caso 115
Cérebro Netflix...116
Qual arquétipo de zona de conforto é o seu?........................120
Corrida de ratos..121
Os criativos 122
Aqueles que assumem riscos 123
Os *outsiders*..124
Duas dicas práticas para ajudá-lo a sair da zona de conforto 125

5 Histórias Mentirosas...**130**
O que é uma história mentirosa?...133
Nossas crenças criam nossa história 134
Você está ciente de suas histórias mentirosas? 136
Quais são as características que o fazem ficar na sua zona de
conforto? 139
Como identificar sua história mentirosa...............................143
Como instalar sua nova história em seu programa mental.........149

6 Consistência..**151**
Viciado em contracheque..153
Consistência perfeita..158
Por quanto tempo devo ser consistente?...............................162
Amor-próprio 164
Mude sua personalidade..165
A consistência exigirá novos hábitos 166
Inteligência emocional..168
Um novo mantra 170
Fisiologia..172
5 métodos para permanecer consistente 174

7 Autocomprometimento **177**
O desconforto da mudança 181
Resultados 183
Barcos em chamas...185
Comprometa-se com seus compromissos 187
Perdão 191
Este livro é para empoderar outsiders 194
Mantenha contato com o autor 195

INTRODUÇÃO

O mundo está esperando que você crie coragem de manifestar seu propósito.

Imagine se os empreendedores nunca tivessem ousado construir seus negócios.Imagine se os inventores nunca tivessem ousado inventar.Imagine se os músicos nunca tivessem ousado tocar música. Se esses criadores não tivessem feito o mundo se adaptar à sua visão, nunca teríamos experimentado invenções, arte, novas tecnologias ou outros serviços que tornam nossa vida mais divertida, fácil e alegre. Qualquer progresso no mundo depende de você fazer o mundo adaptar-se à sua visão, e há pessoas lá fora esperando-o para participar disso.

O propósito deste livro é guiar você para:

- Identificar seu propósito

- Eliminar suas historinhas de merda

- Sair da sua zona de conforto

- Agir

- Tornar-se consistente

- Ter auto-comprometimento

Através da aplicação do método Propósito - Ação - Consistência.

Durante a aventura de reconhecer nosso propósito, precisamos criar uma personalidade que corresponda ao que queremos bem como superar nossos medos. Isso é desafiador. Nosso corpo, especialmente a mente, nos desafia a permanecermos os mesmos. Assim como é necessário dor física para construir músculos no corpo, é preciso esforço psicológico para desenvolver uma nova personalidade.

A personalidade que você tem agora só pode criar os resultados que você já alcançou. Para alcançar novos resultados, você precisa criar um novo tipo de personalidade, e sua mente verá isso como uma ameaça. Portanto, esteja ciente de seus pensamentos enquanto lê este livro.

Como reconhecemos nosso propósito e quem sou eu para dizer como?

Este é um livro que descreve como mantive a fé em meu propósito ao longo da vida. Por meio de pequenos passos de fracasso e sucesso, desenvolvi um método que usei para identificar uma receita única de sucesso e auto-comprometimento por meio de três etapas: propósito, ação e consistência. O objetivo desta Tríade é mostrar-lhe como você pode definir seu propósito, agir e se tornar consistente e comprometido consigo mesmo. Você poderá criar sua própria receita única de felicidade por meio dos exercícios embutidos nesse modelo.

Este livro é o resultado da busca do meu propósito. Antes mesmo de imaginar que escreveria um livro, precisei superar alguns desafios. Fui convidado para fazer uma palestra em uma universidade em Salvador, Bahia, Brasil. Tive uma semana para preparar o que deveria falar nesse evento. Pouco depois de aceitar a oferta, adoeci, o que reduziu meu tempo de preparação ao mínimo.

> Se você sabe o *porquê* de viver, você pode aguentar quase qualquer *como*.
> - Friedrich Nietzsche

Apesar da febre que tive, fiz o discurso com sucesso. Seis meses depois, recebi uma mensagem no Instagram de uma pessoa que estava na plateia.

"Eu tinha desistido de viver porque não conseguia ver uma saída para a minha situação. Eu sabia que se não tivesse coragem de me divorciar dele, ele me mataria. Sua palestra me fez perceber minha história mentirosa."

Nessa palestra, contei a história de como arrisquei tudo para ser eu mesmo. Falei sobre "queimar barcos" para vencer.

Essa frase se refere a ganhar ou morrer e ter mais medo por não dar um salto de fé do que permanecer no status quo.

A pessoa da plateia encontrou coragem para deixar seu relacionamento abusivo e me escreveu:

"Eu queimei os barcos. Agora minha vida está começando."

Em outra mensagem, ela me contou um sonho em que eu havia escrito um livro em três línguas e que o livro ajudaria pessoas do mundo todo. Foi assim que surgiu este livro e por que você o deve ler - para identificar e viver seu próprio propósito.

1
PROPÓSITO

COMPROMETIMENTO
PROPÓSITO
AÇÃO
Sua vida
do seu jeito
CONSISTÊNCIA

A primeira parte da tríade é reconhecer seu propósito. Quando penso em propósito, gosto de encontrar seu significado na natureza. A partir da semente, você não consegue ver o potencial do que ela pode se tornar, mas acredita que a semente pode transformar-se em uma mangueira. Com essa crença, você planta a semente e a nutre da melhor maneira para que possa atingir seu potencial máximo e seu propósito - fornecer frutos. Os humanos também têm um potencial que precisa ser desenvolvido. Você tem uma semente dentro de você - uma semente que carrega todo o seu potencial. Essa semente está esperando para se desenvolver através do seu propósito. Para alimentá-la, basta a sua crença. Isso é simples e difícil ao mesmo tempo.

Sua missão é conhecer a si mesmo e permitir que o propósito se manifeste por meio de suas ações. Seu propósito é um presente para o mundo.

> "Os dois dias mais importantes da sua vida são o dia em que você nasceu e o dia em que você sabe o porquê nasceu"
> -Mark Twain

Você tem fé na semente que traz dentro de você? Quando você reconhecer seu propósito, ele vai precisar de sua fé. Você tem fé no seu sonho? Você tem fé em si mesmo?

Acredito que todos nascemos com uma intenção - a capacidade de imaginar um mundo novo e melhor, bem como com a fé que irá manifestá-lo. Quando éramos crianças, não víamos o mundo exatamente como era, acrescentávamos nossa imaginação; nós acreditamos e mudamos nosso mundo.

> "A imaginação é mais importante do que o conhecimento. Pois o conhecimento é limitado, enquanto a imaginação abrange o mundo inteiro, estimulando o progresso, dando origem à evolução."
> - Albert Einstein

Quando crianças, não precisávamos ver as coisas para acreditar nelas; no entanto, fomos ensinados pelos pais, pelas escolas e pela sociedade a ver apenas o que nos foi apresentado, usando os cinco sentidos. Como podemos criar algo novo se nos esquecemos de nosso poder de acreditar em algo que ainda não podemos ver? Não somos encorajados a praticar nossa habilidade de acreditar.

Talvez você apenas conecte fé com religião? Estou falando sobre ter fé em seu propósito, sua visão, em você mesmo e em sua capacidade de criar. Dentro do processo de materializar algo, o mais difícil é conseguir imaginá-lo. Pensamos que a parte mais desafiadora é acreditar e agir em direção à nossa visão, mas como podemos manifestar algo se não o imaginamos primeiro? Pense em como você é extraordinário! Ninguém mais precisa acreditar na sua visão. Suas visões únicas, que só VOCÊ pode ver, podem não fazer sentido para os outros. Se você pode imaginar, significa que o universo já autorizou sua capacidade de fazê-lo. Você só precisa fazer sua parte para manifestar sua visão e agir de forma consistente e comprometida. Para manifestar sua visão, você precisa ter fé. Para construir a fé, precisa praticar a autoconsciência, a autoestima, a inteligência emocional, a força mental, a confiança e a capacidade de comunicação.

De onde viemos não precisa nos definir, mas saber de onde viemos pode fornecer uma perspectiva. Não sei onde sua história começa, mas a minha começa com meu pai. Contudo, eu nunca o chamei de pai, e sim pelo apelido familiar ,Li, que vem de seu nome Eliecim.

Ele nasceu em uma pequena e pobre vila da região da seca do interior da Bahia, Brasil. Sua mãe havia falecido e o pai era tão pobre que precisou oferecer o filho menor para adoção. Sua nova família também era pobre, mas pelo menos podia alimentá-lo.

Como um estranho nessa nova família, Eliecim encontrou sua forma de conseguir amor e aceitação, dedicando-se aos estudos, pensando em um dia sair da pobreza.; mas ele também tinha outros sonhos: tornar-se um astro do rock como Elvis Presley ou o músico brasileiro Roberto Carlos. Mas isso ficou só nos sonhos. Ele precisou da ajuda de um padre para lhe conseguir um trabalho e, assim,poder deixar aquela pequena, seca e pobre vila e mudar-se para uma das maiores cidades do Brasil - Salvador - em sua bela localização na Bahia de Todos os Santos.

Ao se despedir, seu pai adotivo tirou do pulso o relógio de uso pessoal e lhe entregou dizendo: "Toma, filho, é a única coisa que posso te dar; venda quando precisar".

Eliecim chegou a Salvador com nada além do relógio do pai. A cidade e as pessoas eram coloridas, intensas e vibrantes. Ele sobreviveu trabalhando durante o dia no emprego conseguido pelo padre, e como engraxate nos finais de semana morando vizinho a um pequeno bordel. Enquanto isso, começou a estudar para um concurso no governo. Ele sabia que, se fosse aprovado, obteria um salário estável e uma aposentadoria segura. A competição era forte, com milhares de candidatos tentando preencher as 200 vagas, então sua chance de sucesso era mínima. Mas ele passou no teste, ainda usando o relógio do pai no pulso.

Durante esse tempo, eu nasci. Nunca me identifiquei com a maneira que meu pai definia o sucesso. Ele estudou e trabalhou muito durante toda a vida e teve que esperar até se aposentar para fazer as coisas pelas quais era apaixonado. Assim que começou a viver sua paixão, tornou-se o pai que sempre desejei. Não estou dizendo que não o respeitei por melhorar nossa situação econômica, mas será que eu tinha que seguir sua receita de sucesso?

> "Não vá aonde o caminho pode levar, vá onde não há caminho e deixe uma trilha."
> - Ralph Waldo Emerson

Meu pai nunca se tornou um Elvis Presley ou um Roberto Carlos. Nunca saberemos o que poderia ter acontecido se ele tivesse seguido seu sonho. Talvez ele tivesse encontrado a felicidade mais cedo e poderia ter sido um pai mais atencioso. Ao longo da minha vida, ouvi muitas vezes palavras desencorajadoras, vindas principalmente daqueles que eu sabia que mais me amavam - meus pais.

"Irresponsável !

Você está drogado?

Como você vai ganhar a vida com essas suas ideias?

Você não é estável.

Você muda de ideia o tempo todo.

Vá para escola! É a única estrada que pode lhe dar um futuro."

Continuei convivendo com essa energia, sem apoio ao longo de muitos anos de minha vida, mas em diferentes contextos e formatos. Hoje em dia, eu entendo o medo deles sobre o meu comportamento "não convencional" - ACREDITAR EM MIM MESMO. Teria sido mais conveniente apenas seguir os passos do meu pai, mas eu não poderia fazer isso. Se tivesse, teria abandonado a mim mesmo. Algo dentro de mim estava me alertando para trilhar um outro caminho - um caminho que ainda não existia.

> "A vida é como levar uma mensagem da criança que você foi para o velho que você irá se tornar, sem perdê-la ao longo do caminho."
> - Autor desconhecido

Eu precisava criar uma receita única para o sucesso, independente da aprovação do meu pai. Minha crença em saber que encontraria meu caminho sem seu apoio me levou a transformar minhas paixões em empreendedorismo. Eu não conhecia pessoalmente ninguém que vivia da sua própria paixão. Eu não sabia como faria isso. Eu apenas confiei que seria guiado por acreditar e seguir minha intuição. Eu tinha uma sensação dentro de mim que poderia ser assim verbalizada:

Há mais coisas lá fora para você do que o que você está vivendo atualmente em sua vida.

Este livro é sobre como você pode confiar em si mesmo ouvindo sua voz interior e maneiras de agir em relação ao que você realmente deseja na vida. Você não deve ler este livro apenas para aprender algo. O que você já sabe lhe dará os resultados que você já tem. Leia este livro para desaprender o que você já sabe. Quantas pessoas sabem muito, mas não transformam suas teorias em prática? Se você sabe, mas não usa o seu conhecimento, é o mesmo que não saber. Se quiser se desenvolver, há duas afirmações extremamente perigosas que você deve evitar pensar ou dizer. São elas:

Eu já sabia disso.

Já ouvi isso antes.

Se você pensar ou disser essas frases, seu cérebro naturalmente irá desligar-se para economizar energia. Talvez você pense ou diga uma delas enquanto lê este livro. Preste atenção.

Qual é a diferença entre conhecimento e sabedoria? Sabedoria é o conhecimento aplicado na vida real. Se não aplicarmos nosso conhecimento, ele se tornará apenas informação armazenada.

A maioria das pessoas dá mais valor às vozes das outras sobre si mesmas do que à voz que vem de sua alma! Quão louco é isso? Temos uma tendência a reproduzir comportamentos pré-existentes de sistemas, da mídia, dos nossos pais e influenciadores, sem nos questionar sobre nosso próprio caminho único na vida.

Como você sabe se está seguindo o seu caminho ou o de outras pessoas? Claro, o seu caminho único pode se sobrepor ou seguir o mesmo que o de outra pessoa, mas você sentirá que é o SEU caminho.

Todos nós sabemos se nos sentimos felizes e atraídos por nossas escolhas ou se estamos seguindo a multidão de forma padronizada. Isso é a nossa bússola.

Seu propósito não virá do mundo exterior. É algo que você ouvirá e sentirá.

> "Você não poderá encontrar paixão se você se conforma
> com uma vida que é inferior àquela que você
> é capaz de viver."
> - Nelson Mandela

O REBELDE

Sempre fui considerado um rebelde na escola. Sempre me atrasava, fazia piadas, faltava ou dormia durante as aulas. As mães dos amigos me odiavam porque achavam que eu poderia mostrar aos filhos que eles viviam presos em suas rédeas Eu não era um bom aluno. Passava raspando nos exames - mesmo assim porque eu colava. Para os que sentavam no fundo da sala de aula, não havia tanto incentivo do sistema. Não me entenda mal, eu não era uma criança má. Eu simplesmente não conseguia entender por que eu tinha que ficar dentro de uma sala de aula e estudar algo que não escolhi. Eu dei muitas dores de cabeça aos meus pais durante meu tempo na escola.

Eles queriam um menino "bom", mas conseguiram um rebelde.

Em busca de modelos de comportamento, encontrei uma citação que se tornou uma tatuagem em minha alma:

> "Um homem só tem sucesso se acorda de manhã e vai dormir à noite e, no intervalo, faz apenas as coisas que quer fazer."
> - Bob Dylan

Viver de acordo com esta ideia criou muitos problemas entre mim e minha família, devido à definição conservadora de sucesso do meu pai. Minhas ações e escolhas não faziam nenhum sentido para eles. Embora quisesse obter a aprovação e o reconhecimento deles pelas escolhas que estava fazendo, mas eu simplesmente não conseguia me abandonar.

CRIE A SI MESMO

Um dia, eu estava sentado no ônibus e um homem começou a andar usando os braços como pernas e as mãos como pés. Nas mãos, ele calçava chinelos e os usava como baquetas para tamborilar no interior do ônibus.

Aquele homem encantava as pessoas do ônibus, com seu sorriso autêntico, felicidade interna e alta energia; ele criou uma maneira de sobreviver cantando na rua e dentro dos coletivos. Quando eu o vi, percebi que ele tinha algo que eu não tinha. Mais tarde, descobri que mesmo com suas pernas atrofiadas, ele compartilhava da minha paixão por uma arte marcial bem brasileira, a capoeira.

Na capoeira, você usa as pernas para fazer os passos básicos; ele encontrou uma forma única de fazer, ou jogar, capoeira, como dizemos. Quando o tratavam como deficiente, ele reagia;

"Eu não sou deficiente. Eu sou eficiente."

Eu era branco, tinha origem e educação de classe média. Ele era negro, do gueto e ganhava a vida na rua. Tornamo-nos amigos e mentores um do outro. Eu o escolhi como meu mestre de capoeira porque ele me mostrou o que (e como) é ser a melhor versão de si mesmo.

Historicamente, sempre foi proibido aos escravos treinarem defesa pessoal, daí a capoeira se desenvolver como uma luta disfarçada de dança. Mesmo depois da abolição da escravidão, a capoeira continuou proibida por lei. Por esse motivo, os praticantes da capoeira - capoeiristas - usavam apelidos entre si para não serem identificados pela polícia. Hoje, a capoeira não está proibida, mas os apelidos ainda são usados. O apelido desse meu novo amigo era Meia Lua. Minha família e amigos não conseguiam entender por que eu andava com ele. Como ele morava no gueto, eles temiam que algo ruim pudesse acontecer comigo. Eu gostava de quebrar as normas com ele; levava-o a restaurantes considerados chiques - as pessoas sempre olhavam quando entrávamos, eu andando sobre minhas pernas e ele com suas mãos. Eu gostava de enfrentar o julgamento social. Ao mesmo tempo, também investigava meus próprios pré-julgamentos. Meia Lua parecia ter todas as condições que fariam dele uma pessoa extremamente miserável na sociedade brasileira; era pobre, sem escolaridade e deficiente físico. No entanto, Meia Lua nunca deixou ninguém sentir pena dele; isso porque ele não sentia pena de si mesmo.

Fascinava-me como ele conseguia manter sua energia tão alta e sua mentalidade tão positiva nas situações cotidianas, quando sua vida era muito mais desafiadora do que a minha. Todos nós temos nossas histórias tristes. Muitos de nós até competem para ver quem conta a pior história. Meia Lua me contou sobre um motorista de ônibus que escondia a mão por ser deficiente. Ele comentou que se o motorista tinha vergonha de si mesmo, imagine o quanto ele julgava os outros? Ele me fez perceber que nós podemos ter controle sobre o que pensamos e sobre aquilo que acontece conosco.

> "A felicidade de sua vida depende da qualidade
> de seus pensamentos."
> - Marcus Aurelius

Sempre de alto astral, todas as manhãs Meia Lua pegava um instrumento e tocava música para começar o dia. Quando eu tocava música de capoeira com ele, ele apenas me deixava cantar o refrão. Eu me ressentia porque ele não me deixava ficar no lugar que eu achava que tinha direito – o de cantor principal. Meia Lua não parecia prestar atenção a minha tentativa sofrível de liderar nos vocais. Não era uma posição que poderia ser dada sem o domínio da habilidade. Isso me deixou com muita vontade de aprender a cantar melhor e, assim, ganhar a posição de cantador na capoeira.

Muitas vezes, ouvimos que devemos nos sentir bem com nós mesmos e como somos. Porém, essa justificativa também pode fazer-nos sentir que temos direito a posições na vida sem conquistá-las. Eu queria atingir todo o meu potencial. Meia Lua me fez refletir sobre como podemos escolher administrar de forma benéfica os nossos pensamentos e criar uma vida a partir de quem somos, sejam quais forem as circunstâncias. Meia Lua inicialmente não tinha uma mentalidade positiva; ele teve que se disciplinar para tornar-se quem era. Ele fez isso por não se sentir bem consigo mesmo - ele precisou se reinventar.

> "Autodisciplina é a definição de amor próprio."
> - Will Smith

SUA RECEITA ÚNICA PARA O SUCESSO

Minha família me acusava de não ser capaz de fazer escolhas. Abandonei a universidade particular pela qual meu pai pagou uma fortuna. Trocava de esportes e alterava constantemente meus objetivos. Ficava mudando de ideia porque estava tentando coisas diferentes. Saber o que não queria me ajudou a identificar o que queria. Aquilo que eu não queria era me contentar com escolhas sob pressão, quando nenhuma delas me parecia certa.

"Por que você muda tanto?Não tenho coragem de dizer a seu pai que você quer mudar de universidade de novo!"

Minha mae

Eu desisti, não apenas uma, mas quatro vezes. Foi difícil voltar para casa e encarar meu pai, que estava lutando para pagar por minha educação. Ele lutava para pagar por algo que não estava no caminho que eu havia escolhido e isso não me apoiou emocionalmente. Ambos estávamos perdendo.

Sempre acreditei que somos forçados a escolher muito cedo na vida, sem oportunidades de experimentar. Veja meu pai, por exemplo; ele escolheu um caminho que sabia que poderia tirá-lo da pobreza - um emprego seguro. Ele não se importava se gostaria do trabalho ou não. Teria sido mais fácil apenas seguir o que ele esperava de mim, em vez de descobrir meu próprio caminho. Teria tido a aceitação da família e teria me sentido seguro, seguindo o caminho que já havia sido traçado. Mas por que não aproveitar a oportunidade que ele criou para mim? Porque eu queria ser um exemplo para os outros ganhando dinheiro fazendo as coisas que amo.

> "Se você não tem um plano, você se torna parte do
> plano de outra pessoa."
> - Terence McKenna

Acredito que meus pais deram o melhor de si com o que sabiam, e sei que tentaram proporcionar um mundo seguro para mim. Porém, às vezes, o suporte que recebemos não é o que precisamos.

Ao mesmo tempo, só podemos dar o que temos. No meu caso, ansiava por apoio em relação às minhas qualidades de liderança e espírito empreendedor. Lembro-me de duas cenas de minha vida em que meu pai forneceu o apoio emocional que eu desejava. Era uma época em que eu adorava futebol e costumava sair muito para treinar. Um dia, ele voltou do trabalho e me disse para tentar chutar a bola com o pé esquerdo. Saí imediatamente e pratiquei essa nova habilidade.

A outra vez, foi quando eu fazia jiu-jitsu e ele me acompanhou em uma competição. Enquanto eu estava lutando, ele me treinou das arquibancadas. Nesses momentos, senti que ele se interessou por quem eu era e me orientou a cuidar da semente que eu carregava dentro de mim.

A voz que sigo é a minha voz interior, e acho que você deveria seguir a sua. Às vezes, não podemos identificar nossa própria receita única para o sucesso porque estamos repletos de influências sutis. Saber identificar de onde vêm as expectativas ou pressões externas pode ajudar, fazendo com que você consiga diferenciá-las facilmente estas das suas. Complete as seguintes frases:

De acordo com o meu pai, o sucesso é

———————————————————————————

———————————————————————————

———————————————————————————

———————————————————————————

De acordo com a minha mãe, o sucesso é

———————————————————————————

———————————————————————————

———————————————————————————

———————————————————————————

De acordo com a sociedade / amigos / entorno, o sucesso é

———————————————————————————

———————————————————————————

———————————————————————————

———————————————————————————

Para mim (independentemente do que os outros pensem), o sucesso é

———————————————————————————

———————————————————————————

———————————————————————————

———————————————————————————

SINCRONICIDADE

Agir como rebelde sem mostrar resultados reais não nos ajudará a criar nossos caminhos. Minha estratégia sempre foi transformar minha paixão por negócios em algo que se tornasse meu estilo de vida.

Eu ainda estava estudando educação física na universidade, enquanto explorava minha paixão empreendedora. Muitas pessoas no Brasil adorariam ter a oportunidade de estudar em uma universidade particular. Não sinto propriamente orgulho por não ter apreciado esta oportunidade; entretanto, verdade seja dita, sinto que não participei dessa escolha. Meu pai pagava minha universidade, enquanto eu faltava às aulas para administrar um de meus negócios.

Essa foi a melhor maneira que encontrei para lidar com a situação, transformando-a em uma oportunidade em direção ao caminho que havia escolhido. Eu estava produzindo camisetas manualmente, e as vendia no meu próprio carro, adquirido com o dinheiro que fui juntando aos poucos e que o transformei em uma loja móvel .

Todos os dias eu fazia o mesmo ritual - ia para a sala de aula, deixava os livros e me retirava para ir vender roupas, interagindo com as pessoas ali mesmo nos corredores.

Certo dia, eu estava tendo uma conversa com a recepcionista da secretaria da faculdade, quando de repente, entrou um homem branco e alto, com bochechas vermelhas. Em inglês, ele pediu à recepcionista um encontro com o diretor da universidade. A recepcionista aos gritos, em português, perguntava se alguém poderia lhe ajudar a compreender o que aquele homem dizia em inglês, mas todos os "ditos bons alunos" estavam em suas salas; foi quando, me ofereci para ajudar.

A recepcionista me pediu então que eu fizesse uma visita guiada com aquele senhor pela universidade, enquanto o diretor terminasse uma reunião com o colegiado. Depois de uma hora e meia, o homem me disse que era dono de uma faculdade de intercâmbio e que estava colaborando com uma universidade norueguesa. Ele queria discutir com o diretor brasileiro uma proposta de intercâmbio Brasil-Noruega para os estudantes de jornalismo.

"Você gostaria de ser nosso parceiro aqui no Brasil?"

Depois, ele me perguntou qual era a minha pretensão salarial e me deu um telefone e um laptop. Naquele dia, vi oportunidades de expandir minha visão internacionalmente e imediatamente embarquei naquela ideia.

Estabeleci uma extensão para a universidade norueguesa no Brasil. Eu era meu próprio patrão, podia escolher o horário de trabalho, e estava satisfeito com meu salário. Recrutei famílias anfitriãs e coordenei professores e alunos. Também fazia traduções do português para o inglês e ajudava os intercambistas da minha cidade a encontrar histórias sobre as quais escrever. Todos os estudantes que passaram pelo programa de intercâmbio tornaram-se meus alunos de capoeira ou clientes do meu negócio de roupas. Foi uma combinação perfeita, naquele momento; eu chamo isso de *sincronicidade.*

Sincronicidade se refere a coincidências significativas - aquelas que têm um significado de mudança de vida. Acredito que as sincronicidades só acontecem se estivermos conectados com a verdadeira essência de quem somos. Quando estamos conectados com nós mesmos, as sincronicidades trabalham a nosso favor. Coisas, lugares e pessoas aparecem quando assumimos riscos em relação à visão. Alguns dizem que foi *sorte o fato de* eu estar no corredor naquele dia, quando o dono da universidade norueguesa veio discutir sua proposta. Eu afortunadamente estava ali. Existe uma grande diferença entre *sorte e fortuna.*

Você não tem controle sobre a sorte. Se você ouvir pessoas que perseguiram sua paixão, elas geralmente dirão: "Eu fui suficientemente afortunado...". Para ser afortunado, você deve criar sua própria sorte. Se eu estivesse dentro da sala de aula, eu teria perdido a oportunidade de vir para a Escandinávia.

Minhas ações foram baseadas no fato de que eu queria ganhar a vida sendo eu mesmo. Não estou dizendo que você não deva estar na sala de aula, mas ouse e ouça sua intuição, mesmo que sua ação seja impopular com o mundo externo. Essas coincidências significativas, chamadas de sincronicidade por Carl Gustav Jung, só acontecem quando você está alinhado consigo mesmo.

Depois de trabalhar para a faculdade norueguesa por quatro anos, com mais de duzentos alunos, tive a oportunidade de me mudar para a Suécia para divulgar ali a cultura da capoeira.

Se você vem de um país conhecido como *"país do terceiro mundo"*, naturalmente sonha com o *"primeiro mundo"*. Troquei minha loja móvel por uma passagem só de ida e lá fui eu.

EU ERA LOUCO O SUFICIENTE PARA ACREDITAR EM MIM MESMO.

Eu tinha trinta anos quando cheguei à Suécia sem saber o idioma e sem conhecer as pessoas e a cultura local. Desembarquei em Malmo, a terceira maior cidade sueca, em um dia cinzento e frio no início de março de 2009. Passei pelas portas principais da estação central, e como ainda não sabia exatamente aonde me dirigir naquele momento, coloquei as malas ao meu lado, próximo à porta de saída giratória. Um homem carrancudo chegou perto de mim, e em vez de pedir para retirar a bagagem e liberar a saída, começou chutar forte minhas malas, aos berros. Ele gritou comigo em sua própria língua, enquanto se afastava. Isso me assustou. Quando ele sumiu de vista, percebi o que isso significava:

Bem-vindo à Suécia!

Logo, formei meu próprio grupo de capoeira. Uma das minhas alunas suecas no Brasil queria me ajudar a reproduzir a mesma experiência que ela experimentou naquele país, e se tornou minha parceira de negócios. Por sete anos, mantive as aulas de capoeira, com turmas, ora grandes, ora menores, e com alunos que entravam e saíam, e outros que permaneciam por períodos mais longos. No total, cerca de trezentas pessoas participaram das aulas. Também organizei sessões de *team-building* para empresas usando a capoeira como instrumento. Levei três suecos ao Brasil para aprofundar seus conhecimentos sobre essa arte marcial e sobre a cultura relacionada a ela. Eu estava ajudando essas pessoas a construírem sua autoestima e confiança. Uma senhora de sessenta e dois anos aprendeu a ficar de cabeça para baixo e dar cambalhotas pela primeira vez em sua vida. Uma jovem senhora, igualmente atreveu-se a cantar em público pela primeira vez. A mãe de um menino agradeceu-me por ter servido como um bom exemplo para seu filho. Adorava ver como as pessoas se desenvolviam. No entanto, a quantidade de energia necessária para criar esses resultados não correspondeu às necessidades financeiras, padrão de vida ou nível de independência que eu desejava. Durante esse período, comecei a investigar que tipo de possibilidades a Suécia poderia oferecer. Estudar em uma boa universidade no Brasil custava quase o mesmo que eu pagava pelo aluguel na Suécia. Fiquei feliz por ter a oportunidade de estudar de graça. Além do estudo ser de gratuito, se o projeto fosse aprovado pelo governo, poderia até conseguir uma bolsa. A educação era pública, mas ministrada em um prédio moderno e lindo. No Brasil, "público" geralmente se refere ao padrão mais baixo, com escolas em instalações velhas e descuidadas. No entanto, a Suécia, com seu sistema baseado no bem-estar, a escola parecia um paraíso na Terra. Estudei "sueco para imigrantes". À medida que fui conhecendo os colegas de classe, percebi que alguns não falavam mais do que sua língua nativa, e outros não tinham nenhuma formação educacional. Comecei a me perguntar se a Suécia classificava todos os imigrantes como iguais. Tentei ser paciente, mas comecei a sentir que havia caído em uma armadilha. Percebi que a repressão que eu via em meu pai se refletia na repressão na sociedade sueca. Se eu pudesse traduzir o sentimento que tive da sociedade sueca em um parágrafo, seria o seguinte:

Aprenda sueco da maneira que sabemos ser a melhor para você. Fale como falamos e aja como agimos. Depois de se adaptar e se tornar um de nós, você pode ser escolhido para os trabalhos que não queremos fazer. Se você se tornar muito parecido conosco, poderá até conseguir o emprego para o qual se qualifica, contanto que se comporte como nós e não desafie nossa posição de poder.

Em vez de seguir o plano sueco de como deveria ser meu lugar no novo país, encontrei uma escola de cinema que me aceitou, apesar do pouco conhecimento da língua. Comecei a melhorar meu entendimento do idioma editando o material que filmei. Depois que aprendi a usar a câmera, a iluminação e a capturar áudio, percebi que podia pegar emprestado o equipamento para criar minhas próprias produções. Que oportunidade! Eu nunca teria sido capaz de fazer isso no Brasil! Até conseguir pagar por meu próprio equipamento, usei o da escola e pude abrir minha própria produtora. Para viver desse empreendimento, percebi que precisava conhecer pessoas e elas precisavam me conhecer. Então, dei início a um seriado no formato Web-TV para uma plataforma de mídia social.

Saí entrevistando pessoas na rua, usando meu alto astral bem brasileiro. Sai pelas ruas com um *banner* exibindo meu rosto para que as pessoas pudessem saber quem eu era. Eu também queria conhecê-los, então comecei a entrevistá-las. Outra vez, fui louco o suficiente para acreditar em mim mesmo.

No começo, acho que chamei a atenção das pessoas ao surpreendê-las. Mas, depois de um tempo, senti que elas passaram a me dar as costas. Como brasileiro, não conseguia entender o que estava acontecendo. Eu me perguntava:

"Será que estou fazendo algo errado? Só estou tentando ser eu mesmo. Será que devo ser eu mesmo?" Parecia que, ao escolher fazer isso, estava fazendo algo errado.

Senti a seguinte resposta das pessoas:

"Por que você está fazendo isso? Você não deve fazer algo diferente. Você deve ser igual a todos".

Essa interpretação me levou a continuar um diálogo interno que minava meu eu:

"Por que eu deveria ser eu mesmo? Eu não posso ser quem sou. Estou prejudicando os outros por ser quem sou".

Meu maior medo havia se tornado realidade, quando comecei a dizer-me que não poderia ser eu mesmo. Passei então a duvidar de mim. Naquele momento, vivenciei meu maior medo. Eu tinha me abandonado. A conexão comigo mesmo havia se tornado tão fraca que passei a ouvir mais o mundo externo, em vez de ouvir a mim mesmo. O mundo externo estava me dizendo que eu não poderia ser o que era. A repreensão advinda das expectativas da minha família havia se transformado na *Lei de Jante* – *as chamadas* leis não escritas, muito conhecidas nos países nórdicos. A Lei de Jante se caracteriza por não acolher comportamentos fora do comum ou permitir a uma pessoa ser abertamente ambicioso. Após 11 anos na Suécia, passei a ver a *Lei de Jante* como uma doença. Quando você é influenciado por essas leis não escritas, você perde sua singularidade e a oportunidade de experimentar sua receita única para o sucesso.

A Lei de Jante refere-se às pessoas como uma unidade homogênea para preservar a harmonia, a estabilidade social e a uniformidade:

1. Não pense que você é algo especial.

2. Não pense que você é tão bom quanto nós somos.

3. Não pense que você é mais inteligente do que somos.

4. Não se imagine melhor do que somos.

5. Não pense que você sabe mais do que sabemos.

6. Não pense que você é mais importante do que somos.

7. Não pense que você é bom em algo.

8. Não ria de nós.

9. Não pense que alguém se preocupa com você.

10. Não pense que você pode nos ensinar algo.

Uma décima primeira regra é conhecida como código penal de Jante:

11. Talvez você não pense que sabemos algumas coisas sobre você?

A essa altura, eu estava tão desalinhado comigo mesmo que perdi a conexão com minha sincronicidade. Em vez disso, comecei a sentir o racismo sub-reptício desta nova sociedade. Esse novo país já tinha um plano para mim e todos os outros imigrantes que vieram para a Suécia. Foi um desafio continuar acreditando em mim e na minha visão empreendedora. Como resultado, passei a acreditar na escassez em vez da abundância.

O baque sofrido na autoconfiança me levou a procurar um emprego. Usando minha qualificação para o ensino, passei a ganhar um salário decente como professor. Agora eu tinha uma renda "segura", mas nunca tinha estado tão frustrado em toda a minha vida. Lembro-me de acordar todos os dias já com raiva e infeliz porque tinha que fazer algo que não queria fazer. Eu estava tão frustrado; eu não me reconhecia mais. Parei de acreditar que poderia seguir vivendo na Suécia da maneira que eu desejava.

PROJETO DE VIDA

Seguir para o trabalho todos os dias eram os piores quinze minutos diários de minha vida durante essa fase. Eu usava esses quinze minutos para culpar meu pai, culpar o racismo com os imigrantes e o governo por me prenderem nessa situação. Quando chegava ao local de trabalho, os pensamentos já haviam me colocado no "modo reclamar", o que me fazia procurar por mais coisas ainda para me queixar. Foi quando passei a observar a professora de música. Me incomodava que ela sempre parecia tão feliz; não correspondia à minha imagem daquele lugar. Lembro-me que pensava: "Ela deve estar fingindo".

Um dia, bati em sua porta e abri. Lá estava ela, sentada ao piano, sorrindo para mim como um anjo.

"Você não está frustrada com este trabalho?"

Ela continuou a tocar piano enquanto sorria para mim:

"Eu amo este lugar; me sinto realizada aqui!"

Em seguida, explicou que desde criança sempre sonhou em trabalhar com música, educar crianças e ter um emprego com um salário que a fizesse se sentir segura. Ela disse que sua vida era incrível porque havia conquistado todas essas coisas com esse trabalho; através dele, ela conseguiu realizar muito mais do que esperava.

Quando estamos infelizes, é difícil ser feliz pelos outros. Minha colega e eu tínhamos a mesma experiência objetiva; a mesma escola, o mesmo patrão, o mesmo salário e o mesmo horário de trabalho. Mas nossa experiência subjetiva era diferente; ela se sentia feliz e eu, infeliz. Para ela, essa realidade combinava com seu projeto de vida.

Mas afinal o que é um projeto?

Quando um arquiteto deseja construir um edifício, ele primeiro desenha um projeto que é como um mapa que servirá de guia. Se o resultado não corresponder a esse mapa, a pessoa que encomendou a obra não ficará satisfeita e todo o edifício pode até desabar.

Todos nós temos um ideal para o que pensamos que nossa vida deveria ser - o que esperamos da vida. Meu projeto era que eu queria ser empresário, escolher meu horário de trabalho e nunca ter patrão. O projeto da minha colega era que ela queria trabalhar com música, educar crianças e ter uma renda segura. O que acontece quando nosso projeto é igual à nossa realidade? Ficamos felizes. O que acontece quando sua realidade é ainda maior do que seu projeto? Entramos em êxtase! No entanto, se nosso ideal não corresponde à realidade, como nos sentimos ? Nosso grau de emoções negativas depende do tamanho da lacuna entre nosso ideal e realidade. O projeto é a história de como nossa vida deve ser. Costumamos estabelecer regras para como nossa vida deveria ser. Quando sentimos que não podemos corresponder ao nosso ideal de vida, ficamos tristes, frustrados ou mesmo deprimidos.

Existem três ações que podemos tomar quando nosso projeto não corresponde ao que se passa na vida real.

1. Pare de ter pena de si mesmo

A primeira coisa que fazemos com frequência é reclamar, assim como eu fiz. Encontramos uma pessoa ou algo para apontar o dedo. Quando culpamos os outros, nos tornamos vítimas e não podemos mudar a situação. Em vez de apontar o dedo para o mundo externo, devemos apontá-lo para nós mesmos. Ao apontar o dedo para si mesmo, deixamos de ser vítimas e nos tornamos responsáveis.

2. Aceite as coisas que não podemos mudar

Em alguns casos, você precisa reformular seu projeto de vida. Lembra do mestre de capoeira Meia Lua? Ele nasceu como uma criança normal, mas ficou paralítico. Ele nunca conseguiria dar os passos básicos da capoeira ou andar com suas pernas; em vez disso, ele se ressignificou e criou uma nova forma de caminhar e jogar capoeira.

No entanto, lembre-se de que reduzir o padrão do seu projeto é algo completamente diferente. Muitas pessoas se sentem mais confortáveis mudando seus projetos de vida para um padrão inferior e não entendem por que não estão felizes ou entusiasmadas com a vida.

> "A vida não acontece COM você, acontece PARA você."
> - Tony Robbins

No caso de Meia Lua, ele não podia mudar sua condição, mas podia ressignificar como se movia no mundo, usando os braços em vez das pernas. Inicialmente, ele sentia vergonha de si mesmo, quando via suas pernas paralisadas mas depois ressignificou seu projeto. Ele desenvolveu um jeito próprio de caminhar e se tornou mestre em um esporte em que se usa primordialmente as pernas para os passos básicos. Ele conseguiu fazer isso sem usar suas pernas. Por se recusar a rebaixar seu padrão, ele se tornou uma inspiração. Meia Lua queria caminhar e jogar capoeira; ele só precisava ressignificar a maneira como faria isso.

3. TORNE-SE melhor

No meu caso havia duas opções. Eu adorava ensinar, mas odiava os protocolos e a burocracia da escola. Nesse caso, se eu tivesse que me adaptar e aceitar a situação, não teria ressignificado meu projeto de vida , teria rebaixado meu padrão. Eu poderia aceitar a situação e me adaptar, ou agir de acordo com minha frustração...

Um dia, levei os instrumentos da capoeira para mostrar aos alunos da escola, para que experimentassem um novo tipo de música. Expliquei-lhes que um dos instrumentos era especialmente importante e delicado, o berimbau. Segundo o costume, expliquei que o capoeirista mais experiente era quem o tocava. Compartilhei os instrumentos e avisei que precisavam ter muito cuidado com o berimbau. Um dos alunos não demonstrou interesse por nenhum dos instrumentos, mas se aproximou do berimbau de forma maliciosa. Pegou-o e levantou os braços, deixando o instrumento tombar no chão. Felizmente não quebrou, mas me senti desrespeitado; aquela tinha sido a gota d'água – acabei lhe dando um tabefe. Naquele momento, percebi que toda a negatividade em fazer algo que não queria poderia prejudicar não apenas a mim, mas também aos outros.

Depois daquele dia, disse a mim mesmo que nunca mais me perderia daquela maneira.

Usei minha frustração para realizar uma nova ação. Eu não sabia o que fazer, mas sabia que precisava fazer algo diferente. Comecei a procurar novas oportunidades. Um evento gratuito no Facebook chamou minha atenção; era sobre como ter mais sucesso na vida. Eu fui ao evento. Fiquei surpreso com o valor motivacional fornecido pelo palestrante. Comecei a me sentir esperançoso e mais motivado. No entanto, no final de sua apresentação, o palestrante ofertou um novo evento, mas dessa vez seria uma atividade paga. Fiquei desapontado ao perceber que ele estava tentando vender algo. Os outros participantes começaram a se inscrever. Decidi ganhar algum crédito social e fiz minha inscrição com eles, com a intenção de cancelá-la assim que chegasse em casa. No entanto, esqueci de cancelar. Uma semana depois, recebi a cobrança para o evento que aconteceria em Copenhagen, na Dinamarca. Corri para cancelar, mas era tarde.

Como você provavelmente deve ter percebido, minha forma de pensar àquela altura não era propriamente das melhores. Ainda assim, achei que, já que eu tinha sido forçado a pagar, pelo menos eu poderia ir, e com isso retirar algo de positivo. Quando participei do evento, fiquei surpreso com a quantidade de conhecimento que obtive dos palestrantes motivacionais de alto desempenho, em comparação com a dos professores chatos da escola. Comecei a ver um novo caminho em minha vida. Isso era tudo que eu estava procurando. Foi um momento de grande mudança em minha vida e quase o havia perdido por causa de minha forma limitada de pensar!

Depois dessa experiência, aprendi que se você quer crescer, precisa investir dinheiro em si mesmo. Isso me levou a iniciar a jornada de desenvolvimento pessoal.

> "O seu nível de sucesso raramente excederá o seu nível de desenvolvimento pessoal porque o sucesso é algo que você atrai através da pessoa que você se torna."
> — Jim Rohn

Comecei a estudar com os melhores profissionais da área de desenvolvimento pessoal. Fui estudar em Londres para me tornar mestre licenciado em Programação Neurolinguística (PNL).

Chama-se PNL ao conjunto de ferramentas e técnicas que focam na mudança de percepção, comunicação interna e escolhas. Fui treinado pelos criadores da PNL - Richard Bandler e John Grinder.

Também me juntei à equipe do principal estrategista de vida e negócios, em Londres, Miami e Nova York, Tony Robbins, e me tornei o coordenador de sua equipe no Brasil. Foi assim que comecei a fechar a lacuna entre minha vida frustrada e meu projeto de vida.

Como você pode se tornar melhor para conseguir fechar a lacuna existente entre o lugar onde você se encontra e onde você deseja estar?

Quando comecei a usar o novo conhecimento na área de desenvolvimento pessoal, fui capaz de obter melhores clientes e contratos, primeiro, mudando a mim mesmo e , depois, compartilhando com a minha sócia nos negócios. Nesse período, também terminei de dirigir um documentário sobre o mestre de capoeira, Meia Lua, de quem já falei antes. O documentário é uma jornada de autoestima, domínio da mente e fé. Comecei a fazer turnê com o documentário, o qual ganhou prêmios em em vários países. O documentário se chama Resiliência e agora está disponível na Amazon, caso você deseje assisti-lo!

https://amzn.com/dp/B07BH5GCBJ

Durante esse período, transformei meu treinamento de capoeira em uma empresa internacional de treinamento mental que chamei de *Outside Comfort Zone* (OCZ), Fora da Zona de Conforto, em português. Organizei a OCZ internacionalmente, na Suécia, Brasil e Chipre.

Se você está pronto para começar a identificar e confiar em sua semente interior, por favor, siga para o capítulo dois!

2
PROPÓSITO VERSUS META

Gostaria de iniciar esta parte trazendo uma citação de Jim Carrey, que considero um exemplo importante sobre o propósito:

Meu pai poderia ter sido um grande comediante, mas ele não acreditava que isso fosse possível para ele, então ele fez uma escolha conservadora. Em vez disso, ele conseguiu um emprego seguro como contador. Quando eu tinha 12 anos, ele foi forçado a deixar aquele emprego seguro, e minha família teve que fazer o possível para sobreviver. Aprendi muitas lições importantes com ele, dentre elas acreditar em uma frase em que ele dizia:

"Você pode acabar falhando ao tentar fazer algo que você não tem vontade. Então, é melhor se arriscar a fazer algo que você ama.

Se podemos falhar no que quer que seja que escolhemos na vida, e já que um dia morreremos de qualquer maneira, por que não escolher o que faz nosso coração feliz?

Recentemente, olhando meu *feed* de notícias no *Facebook*, vi as fotos do perfil de dois amigos - um brasileiro e outro sueco. As fotos de meus amigos cruzaram no Facebook quase ao mesmo tempo em que fui informado de que os dois haviam falecido. Eles não estão mais aqui na terra, mas ainda estão "vivos" no *Facebook*; um dia seremos eu e você - vivos na internet, mas mortos na vida real.

> "A morte é muito provavelmente a melhor
> invenção da vida"
> — Steve Jobs

Imagine-se em seu leito de morte. Tire algum tempo para pensar sobre isso, mesmo que isso o deixe desconfortável. Você ficaria orgulhoso de si mesmo? Você teria algum arrependimento? Se você tivesse a chance, o que faria de diferente? Imagine que você está morrendo agora, neste exato momento. Seu tempo acabou. Fim! Você se sentiria satisfeito? Você se sentiria abençoado por ter vivido esta vida e gostaria de poder viver de novo? Você faria tudo de forma diferente se pudesse? Se você soubesse que esse seria o tempo de vida que você teria, mas tivesse a chance de reviver sua vida, de qual medo você se livraria?

Preencha a lacuna: Se eu morresse agora com uma chance de nascer de novo, meu conselho para mim mesmo seria:

____

____

____

____

LINHA DO TEMPO DA VIDA

Um dos nossos melhores professores é a finitude. A expectativa da morte traz uma perspectiva mais ampla e suas prioridades podem mudar repentina e drasticamente. O desenho abaixo ilustra o tempo que você pode ter nesta Terra, desde o momento em que você nasceu até o dia de sua morte.

Nesta foto, você pode ver a linha do tempo estimada de sua vida. O tempo antes das marcas vermelhas representa sua juventude e depois, a velhice. A linha vermelha marca uma vida profissional típica e como ela pode se desenvolver dependendo das escolhas que fazemos. Pense na vida que você está vivendo agora; corresponde à imagem superior ou inferior, na linha do tempo?

DE 0 AOS 19 ANOS

Quando somos crianças e adolescentes, geralmente passamos os melhores momentos da vida! Experimentamos coisas novas. Vivemos várias aventuras. Corremos riscos. Fazemos as coisas que amamos e nos sentimos vivos. Podemos até ser encorajados a descobrir a vida em nossos próprios termos. Ainda não sentimos a necessidade de mostrar que temos tudo planejado e que temos uma vida estável - podemos seguir o fluxo. Claro, esta é uma experiência individual. Você pode ter se sentido aprisionado pelos seus responsáveis, sufocado pelas regras e expectativas deles. No entanto, mesmo que algumas de nossas experiências de infância tenham sido traumáticas, acredito que a maioria de nós pôde ter momentos em que podíamos vivenciar a vida sob nossos próprios termos, pelo menos enquanto estávamos brincando. Mesmo que precisássemos trabalhar desde pequenos, talvez tenhamos passado por uma época em que ninguém sabia onde estávamos e éramos livres para sermos nós mesmos.

DOS 20 AOS 65 ANOS DE IDADE

Por volta dos vinte anos, geralmente sentimos pressão para decidir o rumo de nossa vida. Começamos a pensar em profissão, carreira, negócio, pagar nossas contas ou ficar ricos. Começamos a "crescer" e muitos de nós colocamos nossas paixões e sonhos de lado para nos tornarmos "responsáveis". Geralmente, começamos a fazer escolhas sobre a vida profissional aos 20 anos e, só por volta dos 60 começamos a pensar em aposentadoria. Quantas vezes você já ouviu uma pessoa falando sobre como viverá seus sonhos depois de aposentados?

Alguns de vocês que lerem este livro poderão experimentar a vida depois de se aposentarem. No entanto, você se lembra dos meus dois amigos do Facebook que mencionei antes? Eles nem chegaram à idade de aposentadoria; eles morreram muito antes disso.

Já que você precisa fazer uma escolha, por que não escolher algo que fará seu coração cantar?

DOS 65 AOS 80 ANOS

Esta é normalmente a idade em que podemos aposentar e começar a fazer as coisas que queremos. No entanto, dependendo de onde estamos na linha do tempo, este período é incerto. Será que viveremos o suficiente para nos aposentar? Se o fizermos, será que teremos boa saúde para fazer o que queremos? De que forma o modo como vivemos nossas vidas nos afetará nessa idade? Buscamos mais ser corajosos ou nos sentir seguros durante toda a vida? Como as escolhas que fizemos afetarão quem somos na velhice? Estaremos cheios de energia e vitalidade, ou amargurados e cheios de ressentimento? Quem estará conosco à nossa volta?

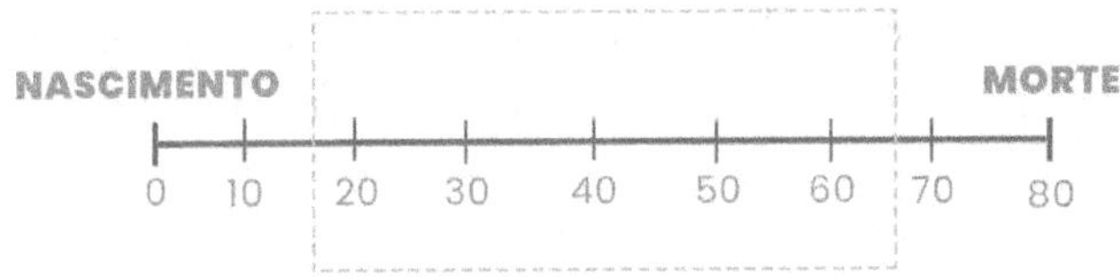

O gráfico ilustra o fato de que passamos a maior parte de nossa vida trabalhando. Entretanto, o fato de trabalharmos a maior parte de nossas vidas não é o problema; a questão é: estamos felizes com as atividades que fazemos?

Não creio que seja suficiente dizer apenas:

Sim, está tudo bem. Eu me sinto melhor do que a maioria das pessoas que conheço.

Estou falando da sua vida! Você está entusiasmado com o trabalho que faz ou o está fazendo apenas pelo dinheiro? Você está aqui para sobreviver ou prosperar? Se você odeia seu trabalho neste momento ou deseja outra coisa, eu o encorajo a iniciar um processo de MUDANÇA. É melhor ganhar menos dinheiro fazendo algo que você ama do que ganhar muito dinheiro para manter um estilo de vida que não lhe traz felicidade. Não tenha medo de ser julgado por outras pessoas. Por que você iria querer a aprovação delas? Para que eles possam amá-lo por seu título, dinheiro ou status? Eu posso prometer a você que se você não confiar em sua voz interior, um dia você olhará para trás e verá sua vida com pesar. Você pode até dizer:

> Mas estou muito velho para começar agora! Escolhi segurança a minha vida inteira. Eu tenho responsabilidades! Não acho que posso começar de novo e deixar meu trabalho agora. O que eu vou fazer?

Claro, eu entendo que você precisa pagar suas contas e manter a segurança da sua família. Não estou dizendo que você deva desistir do trabalho que odeia sem um plano. É claro que você precisa de um plano! Meu objetivo, aqui, é conscientizar você de que é possível ter uma vida mais feliz. Eu quero te ajudar a acreditar nisso.

Se você não acredita que isso seja possível, pare de ler este livro e continue sendo o mesmo. Você só pode realizar aquilo que você acredita que pode realizar.

Você sabia que muitas pessoas de sucesso começaram seus negócios com mais de 40 anos? Henry Ford fundou sua empresa quando tinha 40 anos. Gordon Bowker abriu a Starbucks aos 51. O Coronel Sanders fundou a KFC aos 62.

Esses exemplos são de pessoas famosas mas tive a sorte de testemunhar em meus eventos transformações de vida incríveis de pessoas consideradas "normais", pessoas que se divorciaram depois dos 50, pois o relacionamento estava morto; pessoas que largaram empregos de mais de 25 anos para iniciar um novo emprego que sempre quis e pessoas com mais de 60 anos iniciando seus próprios negócios.

Para iniciar sua jornada, você precisa identificar se está em um caminho com um propósito ou voltado a atingir metas. Quando uso o termo "voltado a atingir metas", muitas pessoas ficam confusas e pensam que quero dizer que as metas não são importantes. Claro que elas ajudam a manter o foco e medir os passos em direção aos objetivos. Mas "voltado a atingir metas", quer dizer que suas metas são definidas pelo ego. Porém, se você está "voltado a um propósito", suas metas passam a ser definidas por sua essência interna, sua alma.

Quando você está "voltado para o propósito", você se move por uma "força motriz interna", e quando você está "voltado a atingir metas", está diante de uma "força motriz externa". Em qualquer um dos caminhos, você precisará atingir metas em direção à sua visão.

As pessoas que estão no caminho voltadas a atingir metas focam no status, nos bens materiais ou no que outras pessoas possam pensar, enquanto as pessoas que trilham um caminho voltadas a um propósito focam na alegria, no amor e em ser autênticas consigo mesmas.

Fiquei focado em atingir metas durante o tempo em que parei de acreditar na minha visão empreendedora e consegui um emprego como professor. Não foi uma escolha que fiz de minha alma; em vez disso, acabei fazendo escolhas com base em meus medos e inseguranças.

Se você está tão-somente atrás de metas, certamente planeja plantar sua semente apenas quando se aposentar. Mas lembre-se que sua semente é a sua singularidade, sua felicidade, sua expressão, sua intenção; ela significa quem você é de fato. Você deve desejar expressar e manifestar sua singularidade aqui neste mundo. Você nasceu com uma semente e pretende plantá-la aqui na terra. No entanto, você não sabe quanto tempo tem para fazer isso, nem quanto tempo dispõe para cultivá-la.

O primeiro passo para iniciar a mudança é reconhecer se você ainda está no caminho voltado a atingir metas, ou se já está no caminho voltado a um propósito. Vamos descobrir em que caminho você está agora.

Na próxima página, você lerá declarações colocadas lado a lado em pares. Marque, com um X, a afirmação de cada par que melhor descreve sua situação. Dê respostas honestas. As ferramentas serão inúteis se suas respostas forem racionalizadas e não dadas instintivamente, deixe esse momento revelar a verdade sobre você.

SEGURANÇA E MEDO VERSUS AVENTURA E CORAGEM

Suas escolhas relacionadas a seu trabalho ou vida privada baseiam-se na segurança ou no medo.

Suas escolhas de carreira baseiam-se no que você acredita, na sua paixão e em quem você é.

Você está em seu relacionamento atual apenas porque parece mais assustador sair do que ficar, mesmo que não tenha sido bom há anos.

Você escolheu um relacionamento que sustenta seus sonhos. Seu relacionamento é alegre, íntimo e mútuo.

AME A SEXTA-FEIRA À NOITE X ESQUEÇA OS OUTROS DIAS

☐

Você fica ansioso quando seu tempo de lazer ou férias começa a acabar.

☐

Você não conta o tempo. Você está tão envolvido com seu fluxo de trabalho que não sente que está trabalhando.

☐

Você só trabalha pelo contracheque.

☐

Você faria o que faz para viver, mesmo que não seja pago para isso.

☐

A melhor parte da semana para você é sexta-feira à noite, quando você termina o trabalho. No domingo à noite, você fica ansioso porque sabe que terá que trabalhar na segunda-feira novamente.

☐

Você trabalha quase o tempo todo, mas não categoriza isso como trabalho. Você gosta dos processos em direção aos seus objetivos e vê os desafios como uma oportunidade para se tornar melhor.

PLANEJAR A APOSENTADORIA X NÃO VER NENHUMA RAZÃO PARA SE APOSENTAR

Você está constantemente preocupado com o quanto ganhará quando se aposentar. Você conversa com seus amigos sobre o que fará quando se aposentar. Você está planejando viver a vida que deseja quando se aposentar.

Você não quer se aposentar porque deseja fazer o que está fazendo pelo maior tempo possível. Você consegue pensar com sabedoria sobre o futuro e investir para os dias chuvosos, mas está gostando do 'agora' mais do que olhando para o futuro.

Empurrado para o trabalho X Impulsionado para o trabalho

Você tem que se esforçar para ser capaz de acordar e ir trabalhar. É uma luta estar motivado e encontrar seu chefe, colegas e/ou clientes.

Você tem automotivação para começar a trabalhar. Do contrário, você sempre sente uma atração motivacional.

☐

Você se pergunta se a vida deveria ser mais significativa.

☐

Você está desejando que o dia comece de novo para que possa executar suas ideias.

☐

Você sente que está explorando o seu potencial com pouco ou nenhum desenvolvimento pessoal.

☐

Você ama o processo e sente o progresso e a criatividade.

SUCESSO = DINHEIRO X SUCESSO = REALIZAÇÃO

☐

Você faz de tudo para ganhar dinheiro ou sobreviver, mesmo que não goste ou que afete sua saúde.

☐

O dinheiro parece uma consequência natural do amor que você dedica ao trabalho.

☐

Você sente que, se conseguir dinheiro suficiente, ficará feliz.

☐

Você sabe que tem sucesso porque se sente feliz na maior parte do tempo.

☐

O foco do sucesso para você é dinheiro, status e/ou fama. Você, às vezes, se sente como um ator de uma peça ou vivendo a vida de outra pessoa.

☐

Na maioria das vezes, você se sente autêntico e realizado durante o processo de atingir seus objetivos.

Conte quantos pontos você fez no

lado esquerdo: __

lado direito: __

Se a maioria de seus pontos tiver sido no lado esquerdo, você tem levado uma vida voltada a atingir metas. Se a maioria de seus pontos tiver sido do lado direito, sua vida tem se voltado a favor do seu propósito. Se o número for igual em ambos os lados, sua vida está parcialmente voltada a atingir metas e a seu propósito.

O primeiro passo é você refletir se suas decisões estão baseadas em seu ego ou em sua alma. Não há certo ou errado. A maioria das pessoas que faz esse teste percebe que está mesmo voltada a atingir metas, da mesma maneira que a fórmula de sucesso dos meus pais era promover segurança e sobrevivência, em vez de lutar pela realização.

O passo fundamental para qualquer mudança é a consciência. Ao entender onde você está, você pode começar a medir suas mudanças. Você pode inclusive já ter determinado que está voltado a um propósito; tendo acabado de confirmar isso. Seja como for, você está mais do que pronto para os próximos capítulos deste livro.

"Quero que alguém me diga o que escolher."

Se você não se conhece, compreende sua singularidade ou reconhece suas paixões, você escolherá o caminho voltado a atingir metas. O planejamento de seus passos a partir de uma mentalidade que visa atingir metas só ampliará os resultados que você já obteve.

"Você não pode ler o rótulo se estiver preso dentro da caixa, vai precisar de ajuda de alguém de fora".
Autor desconhecido

Muitas vezes, estamos absortos demais sobre o que precisamos mudar em nós mesmos para alcançar os resultados que desejamos. Em um de meus workshops, um participante fez a seguinte pergunta:

"Mas meu problema é - como posso encontrar a motivação para transformar minhas paixões em realidade? Sinto-me motivado por dois dias ou no máximo uma semana, depois volto a ser o mesmo."

A falta de motivação surge quando você está em um caminho voltado para metas e apenas obtém vislumbres do caminho voltado a um propósito. Quando você está voltado para atingir metas, precisa se valer de muita força de vontade para seguir em frente e, eventualmente, você acaba se cansando. Você pode ainda não ter construído recursos pessoais suficientes, aquilo que chamamos de capital psicológico, como autoconfiança, autoestima, otimismo, esperança, fé e perseverança.

Você terá mais recursos quando você treinar desenvolver sua inteligência emocional. O primeiro passo é começar a busca por quem você é — não a pessoa que você pensa que é, não a pessoa que a sociedade ou os pais disseram para você ser, não a máscara, mas o seu verdadeiro EU! Quando você criar coragem suficiente para começar a ousar ser seu verdadeiro EU, você se verá no caminho voltado a um propósito. Lá, você receberá inspiração natural para agir, em vez de ter que se esforçar para usar sua força de vontade. No entanto, todos nós entendemos a dor que pode causar mudar hábitos ou começar a construir novos comportamentos. Quando você continuar, apesar da dor, eventualmente, sua inspiração o puxará para as ações que são necessárias para manifestar seu propósito.Não estou dizendo que será fácil ou que você não enfrentará desafios; entretanto, você não precisará de força de vontade para fazer sua nova realidade acontecer - seu propósito o moverá. Você começará a confiar na sua voz interna.

Se você sempre fez escolhas por medo e falta, ainda não construiu recursos pessoais. Sei que pode parecer impossível para você acreditar que pode viver uma vida baseada em seu propósito. No entanto, não preciso convencê-lo. Se você não tem motivação e energia naturais, é a prova de que você está se movendo na direção oposta àquela que seu coração deseja. A inspiração é retirada de dentro, mas a motivação é empurrada mente a fora. Para ser capaz de se conectar com seu propósito, você precisa esquecer sua mente e ouvir apenas o seu coração. No entanto, como foi dito, o caminho voltado a um propósito também exigirá o estabelecimento de metas. Depois de identificar seu propósito, pode ser necessário mudar velhos hábitos. Fazer isso exigirá força de vontade e objetivos claros; entretanto, sua inspiração interna o ajudará a superar os desafios. Falaremos mais sobre isso no Capítulo 6.

Seu propósito está expresso dentro de você: de sua alma, não de sua mente julgadora. Seu propósito não pode ser calculado em uma planilha.

O fracasso é quando tentamos ser algo que os outros esperam de nós, e não a pessoa que realmente somos.

"Descubra quem você é e o faça de propósito."
- Dolly Parton

MINHA RECEITA ÚNICA PARA O SUCESSO

Um dia, tive uma sessão de *coaching* com uma cliente que lutava com o significado da palavra "sucesso". Ela disse:

> "Não quero trabalhar o dia todo, estressar -me , perder a saúde, não me divertir e perder minha vida trabalhando para ter o sucesso de que a sociedade fala!"

Quando você está no caminho, com um propósito específico, você aproveitará a viagem. No caminho voltado a atingir metas, você estará mais focado no resultado do que na jornada em si. Não podemos medir o sucesso com dinheiro, poder ou fama. O sucesso é realização, felicidade, alegria e paz interna. Se você se sente infeliz e estressado, mas está acomodado com suas condições materiais, pergunte-se:

> "O que eu quero vem de mim ou de expectativas externas?"

Outro cliente que tive sonhava em construir seu próprio negócio, mas não tinha o dinheiro necessário para sustentar-se, caso deixasse o emprego; e também não estava disposto a desistir de sair com seus amigos em finais de semana para dedicar-se a seu negócio.

Você está disposto a abrir mão de hábitos que o afastam da busca por sua receita única para o sucesso?

O cliente concluiu que não queria passar pelo processo de tornar-se empresário; ele só queria o dinheiro e o status que achava que isso traria. Portanto, pergunte-se: por que você quer aquilo que você deseja? Será que seus amigos e familiares apoiarão sua jornada? Será que existem pessoas que você irá precisar parar de ouvir?

O sucesso é um ponto de vista único, baseado em nossos sentimentos únicos de felicidade e realização. Dinheiro, poder e fama podem ser consequências da realização, mas não um propósito em si. Existe apenas um ingrediente para criar sua receita de sucesso - satisfação.

O foco deste livro é encorajá-lo a seguir o caminho voltado para um propósito e criar uma vida mais gratificante para si mesmo. Acredito que se nos sentirmos mais realizados, seremos mais felizes e mais conectados com nós mesmos, e ISSO afetará automaticamente o mundo de forma positiva.

Vamos esclarecer seu propósito no próximo capítulo!

3
ESCLAREÇA SEU PROPÓSITO

Antes de tentar identificar seu propósito gostaria de desmistificar a concepção de "propósito". A maioria das pessoas pensa que para ter um chamado, para ter um propósito real na vida, esse chamado tem que ser algo grande e espetacular. Seu propósito não precisa ser espetacular para fazer a diferença. Não são necessários grandes atos de heroísmo, ter cérebros como Einstein ou um coração como Gandhi para fazer a diferença. Você não tem que mudar o mundo, você apenas tem que trabalhar em uma pequena porção dele.

Neste capítulo, compartilharei cinco métodos para ajudá-lo a começar a mover-se em direção ao seu propósito. Todo mundo já tem um guia dentro de si.

Se você acha que não tem essa orientação, é porque não dedicou algum tempo para ouvir sua voz interior. Este é um momento para você se conectar consigo mesmo.

A auto-orientação ocorre quando você está acostumado a aquietar sua mente; em vez de tentar pensar, você percebe pensamentos sutis, imagens, visões ou sentimentos positivos. Será que você já consegue desligar-se de seus pensamentos enquanto se concentra em mover o corpo ou fazer algo que o coloca em um estado mental meditativo? Este é o estado que queremos experimentar enquanto trabalhamos neste capítulo Precisamos estar em um estado de não julgamento.

Se você já praticou meditação anteriormente, pode ser que você já saiba "desligar" seu diálogo interno, concentrando-se apenas na respiração. Vamos tentar!

Observe sua respiração e concentre-se em como você inspira e expira, deixando suavemente o ar sair de seu corpo. Concentre-se em inspirar... e expirar. Tente sentir seu pulso ou sua frequência cardíaca. Ponha a mão no coração; você pode sentir seu batimento cardíaco? Reserve um minuto para apreciar o fato de você ter recebido um coração incondicionalmente. Lá está ele, dentro de você, bombeando sangue para cada célula de seu corpo.

Você poderá desenvolver seu próprio caminho, mas por enquanto , vou descrever cinco métodos que me ajudaram a reconhecer meu propósito, incentivando sua aplicação em você mesmo, como forma ilustrativa.

Não faça julgamentos enquanto dedicar-se a essa tarefa, apenas faça os exercícios respondendo com o primeiro pensamento que vier a cabeça.

MÉTODO 1

Sua paixão é a chave para desvendar o propósito de sua vida.

Você ama o que ama por uma razão e há uma razão por trás de sua paixão. Essa paixão pode estar relacionada aos seus interesses, mas não estou me referindo aos hobbies que você pratica para relaxar; estou falando sobre algo com que você gostaria de ganhar a vida - algo que você estaria disposto a dedicar-se intensamente. O que você poderia desejar tanto, que estaria disposto a desenvolver um conjunto de habilidades relacionados a esse desejo e tornar-se disciplinado para fazer o que for necessário para que ele aconteça?

Quando pensamos em viver nossa paixão, somos treinados para pensar que não podemos ganhar dinheiro com isso. Para superar essa crença limitadora, pode ser útil pensar sobre o que você gostaria de fazer se retirasse o dinheiro da equação.

Lina
Ravonalzo.

Quando lhe perguntam qual é a sua verdadeira paixão, você deve permitir que as respostas surjam naturalmente, em vez de permitir que seu cérebro as fabrique. A voz interior nunca virá de seu cérebro; sempre virá de seu coração. Se você permitir que seu cérebro comente sobre o que seu coração tem a dizer, isso produzirá um julgamento. Seu propósito sempre desafiará sua racionalidade e pode forçar seu cérebro a perguntar como isso pode ser possível. Em vez de se concentrar em *como* isso pode ser possível, seu foco deve estar em por *que* você deseja seguir sua paixão. Seu *"porquê"* deve ser tão forte que supere seu *"como"*. Ao permitir que sua voz interior o oriente, você se concentrará no *"porquê"* e não se importará com *"como"* isso vai acontecer; você saberá apenas que FARÁ isso acontecer, de alguma forma. Às vezes, você não estará em um estado mental em que você consegue ouvir aquela voz de dentro, mas ela sempre estará lá.

O EXERCÍCIO DA CANETA

Eu lhe darei uma frase na qual você preencherá espaços em branco. O objetivo deste exercício é conectar-se à sua voz interior.

Lembro-me de quando fiz este exercício, foi tão poderoso que me fez chorar entre milhares de pessoas. Obviamente, esse poder não vem da ferramenta em si, mas do processo completo de você entrar em contato consigo mesmo. Vou compartilhar meu resultado; no entanto, ele pode parecer tolo para você. O que importa é como meu resultado me afetou e o que ele significou para mim. Seu resultado só precisa ser significativo para você mesmo.

Aqui está o resultado do que eu alcancei ao completar a declaração: "Quando minha vida é ideal, eu estou..."

"Quando minha vida é ideal, minhas sessões de *mind-training* estão lotadas, eu faço palestras internacionalmente e tenho independência financeira no Brasil e na Suécia, para que eu possa morar entre esses dois países."

Lembre-se de mirar em direção à lua ao completar esta frase; ela se refere a sua vida ideal. Não há respostas certas ou erradas. Apenas sua resposta. Não se trata de julgar seu pensamento, mas sim evidenciar como a vida seria ideal para você. Imagine o que você estará fazendo quando sua vida for ideal. Com o que você estará trabalhando? Como é sua vida quando você se sente realizado/a? Comece a escrever. Pode levar algum tempo, até que seu cérebro pare de fabricar as respostas. Deixe seu coração preencher as lacunas.

Quando estou me sentindo realizado/a e minha vida é ideal, eu estou:

____

____

____

____

Em meus workshops, sempre pergunto a pessoas aleatórias na plateia pelo que elas são apaixonadas. Algumas das respostas de um dos workshops incluiam:

- Arte

- Ajudar outras pessoas a se desenvolver

- Trabalhar com crianças

- Comidas

- Esportes

Não é interessante se dar conta da diversidade dessas respostas? Eu comparei as respostas perguntando à pessoa que adora trabalhar com crianças, se ela gostaria de trabalhar com comida.

"Eu nunca cozinharia para viver - uma pessoa na plateia respondeu.

Mesmo que você tenha a mesma paixão que muitas outras pessoas, seu jeito único de ser e sua perspectiva ainda serão distintamente seus. Se duas pessoas dissessem que sua vida ideal envolveria falar em público, então novas perguntas complementares poderiam ser "Em qual área?", "Em que perspectiva?", ou "Por quê?".

Naturalmente, esta não é uma maneira completa de definir o propósito único de cada pessoa. Só quero ilustrar o fato de que há uma razão para amar fazer algo em particular. Você deve se concentrar em suas paixões. Frequentemente, tentamos imitar uma pessoa que conseguiu ganhar a vida seguindo uma mesma paixão que possivelmente temos; no entanto, nossas diferenças criam nossa receita única para a felicidade.

Nem sempre é tão óbvio assim sentir a coisa que "faz seu coração cantar". Percebo que muitas pessoas dizem que sua paixão é viajar. Todo mundo é certamente único, mas eu noto que muitas pessoas respondem que sua paixão é "viajar", quando querem fugir de si mesmas ou de suas realidades. Elas querem uma pausa para esquecer seus problemas e apaixonar-se pela vida novamente. Viajar frequentemente as coloca em um momento presente. Tudo o que você olha é visto pela primeira vez; você aprecia cada momento porque sabe que é temporário. Uma simples flor ou pedra parecem excitantes porque você passa a prestar atenção a essas pequenas coisas. Você pode deixar de lado seu passado e o futuro, e se permitir aproveitar o momento. Talvez, para algumas pessoas, sua paixão não seja realmente viajar, mas esse estado de espírito quando elas viajam é o mesmo que sentiriam se estivessem vivendo seus verdadeiros propósitos. A diferença aqui é que viajar garantiria um sentimento temporário, ao passo que estar voltado para um propósito seria um estilo de vida. Se viajar fosse mesmo sua paixão, você acha que seguiria apaixonado por uma viagem a trabalho ou outras viagens relacionadas ao dia-a-dia? Você acha que gostaria de criar uma experiência para outras pessoas ou documentar suas viagens? O que exatamente você adora sobre viajar? Seria mais um hobby e uma forma de relaxar?

Preste atenção em como as pessoas se expressam. Já ouvi muitos clientes dizerem claramente que querem é relaxar.

Quando você diz: "Só quero economizar dinheiro para sair dessa situação e viajar pelo mundo", o que você está realmente dizendo? Na verdade, você está dizendo que não quer mudar, mas espera que sua realidade mude. Durante o período da viagem, você pode realmente estar vivendo a vida dos seus sonhos, mas se você não encontrar seu propósito, a felicidade não durará muito.

> "Você não pode correr para longe de você. Não pode fugir de si mesmo. "
> - Bob Marley

O que me deixa animado não é publicar um livro ou organizar um evento de *mind-training* para o meu programa Saia da Zona de Conforto. O que me deixa animado é ser um exemplo de que podemos viver a vida da maneira que desejamos e podemos transformar nossas paixões em algo que podemos compartilhar com o mundo. É possível ser autossuficiente enquanto você busca seu propósito único. A diferença entre uma paixão e um propósito é que seu propósito é duradouro, enquanto suas paixões são marcos que o levarão em direção ao seu propósito. Suas paixões podem ser temporárias.

Você pode se sentir perdido porque sua paixão o assusta. A primeira mulher presidente na África, Ellen Johnson Sirleaf, disse que o tamanho dos seus sonhos deve sempre exceder sua capacidade atual de realizá-los. Se seus sonhos não assustam você, eles não são grandes o suficiente. Quais são suas cinco principais paixões? Aqui estão as minhas:

1. Inspirar as pessoas a encontrarem sua singularidade e coragem para viver suas vidas criando a vida que desejam.

2. Falar em público para inspirar, não para impressionar.

3. Criar conteúdos através de filmes e livros por exemplo, que possam inspirar mais pessoas a trabalhar em seu desenvolvimento pessoal.

4. Criar negócios e marcas sem deixar de ser eu mesmo.

5. Ter saúde e vitalidade através de exercícios físicos.

> "Você não poderá encontrar seu propósito se você se conforma com uma vida que é inferior àquela que você é capaz de viver."
> - Nelson Mandela

Agora é a sua vez de fazer sua lista!

Minhas paixão e meus interesses são:

1.____

2.____

3.____

4.____

5.____

Agora que você identificou suas paixões, compartilharei um acrônimo para você manter em mente: DOE - Decisões,

Oportunidades, Escolhas. Cada vez que você chegar a um ponto de DOE, doe-se à sua paixão. Se tiver uma oportunidade, pergunte-se como ela está atendendo à sua paixão. Que decisão você poderia tomar agora a favor de sua paixão? Para cada decisão que você tiver que tomar, escolha sua paixão; logo, você verá como isso se tornará frequente em sua vida.

MÉTODO 2

Vivencie suas paixões

A bússola dentro de você não vai lhe dar certeza e paz interior até que você encontre seu propósito. Claro, seu propósito continuará a evoluir, mas você se sentirá realizado enquanto o estiver seguindo. Vejam essa história:

Quando eu tinha seis anos, e morando no Brasil, meus pais assistiam TV, na sala de estar. Eu estava em meu quarto, sentado sozinho, e de repente uma luz branca encheu a sala. Naquele momento, tive um *insight*; não sei se foi da luz ou não, mas saí correndo do quarto gritando:

"Mãe! Li! Eu descobri meu propósito! Eu sei o que quero fazer para o resto da minha vida!"

Eles se entreolharam com extrema surpresa e começaram a me abraçar e dar beijos no rosto, dizendo:

"Você é incrível; só poderia ser nosso filho!"

Sério isso? Claro que não! Esta história é uma mentira absurda! A verdade é que reconheci meu propósito pela primeira vez quando fiz 36 anos. Só entao é que pude dizer que realmente identifiquei meu propósito. Mas como sei disso? Porque passei 36 anos sem senti-lo. Antes disso, eu havia passado muitos anos mudando de universidade e de empregos, mas minha voz interior me dizia: "Há algo mais lá fora." Isso continuou acontecendo até que eu identifiquei meu propósito. As pessoas costumam me perguntar...

"Como você soube que reconheceu seu propósito?"

Reconhecer que você ainda não o encontrou significa que está no caminho certo. Pode ser doloroso admitir isso e você pode ficar tentado a se satisfazer com menos. Você poderia se contentar com uma vida medíocre, sentindo-se satisfeito com alguns vislumbres de felicidade de vez em quando.

Por medíocre, refiro-me à origem da palavra - "no meio da montanha". Se você se contentar com uma vida medíocre, não estará explorando seu potencial, e parará no meio do caminho em direção à visão. Cada um de nós tem um caminho único, mas se você se contentar com o meio do caminho, não estará abraçando a totalidade das alegrias da vida.

Sei que às vezes posso aborrecer as pessoas porque tento fazê-las lembrar... do que esqueceram. Não estou dizendo que sei de tudo, mas não me contento com pouco. Não há nada de grandioso ou autêntico em se diminuir para não intimidar os outros. Acredito que é nossa obrigação buscar cumprir nosso propósito. Se nos tornamos mais autênticos, permitimos que os outros também se tornem mais autênticos. Não acho que você deva ser "humilde" e se contentar com uma vida mediana; neste contexto, é bom ser um pouco "egoísta". Talvez você tenha suprimido suas paixões por meio de crenças limitantes. Exemplos de crenças limitantes:

"Não é possível viver da minha paixão."

"Estou muito velho para mudar agora."

"Eu cresci em uma família de classe trabalhadora; será que prosperidade é realmente algo para mim?"

"Ninguém neste país verá meu valor porque sou um imigrante."

Tenha a coragem de seguir buscando enquanto você sentir: "Ainda não é isso... Há algo maior esperando por mim".

PURPOSE
PASSION
PASSION
PASSION
PASSION

Quando você ousa seguir sua bússola interna em direção ao seu propósito, sem desistir ou se importar com o que os outros possam pensar, você saberá, ou melhor, você sentirá quando o encontrar. O prêmio por identificar seu propósito não é realmente o fato de você reconhecê-lo, mas sim o sentimento que você experimenta quando começa a progredir em direção a ele. É uma sensação de volta ao lar. Isso lhe dará a certeza de continuar avançando nessa direção. Acredito que nosso propósito está em constante crescimento e mudança, mas que cada um de nós pode encontrar a direção que nos leva a ele, gerando satisfação, paz interior e felicidade autênticas.

Por isso, sempre digo que você precisará encontrar coragem para buscar seu propósito em algum momento de sua vida. Quanto antes melhor. Que tal agora? Vivenciar suas paixões pode ajudá-lo a começar a identificar seu propósito.

Quando eu era adolescente, no Brasil, (e esta é uma história verídica!), eu adorava cantar. Formei uma banda com os amigos. No entanto, toda vez que tentava conquistar minha posição desejada como vocalista, meus amigos me diziam que minha voz era muito "feminina" e que eu não servia para ser o vocalista. Foi um momento doloroso para mim: acreditei neles e parei de cantar. Minha paixão havia sido suprimida.Eu acreditei mais nos meus amigos do que em mim mesmo. A vida continuou, como sempre, mas acredito que deixei que o mundo exterior suprimisse minha paixão e, como consequência disso, acabei negando uma parte de mim mesmo.

Quase 20 anos se passaram, e acabei indo morar na Suécia. A essa altura, eu tinha outras paixões; entretanto, toda vez que via alguém tocando violão e cantando na rua, desejava ter tido a coragem de fazer o mesmo. Refiro-me às paixões que suprimimos dentro de nós como "paixões não vivenciadas".

Com o passar do tempo, embora não tenha me tornado vocalista, descobri uma nova paixão pela capoeira. Eu mergulhei totalmente nessa nova paixão. Foi nessa época que conheci Meia Lua e formei um grupo de capoeira que mais tarde levei para a Suécia.

Depois de um tempo, senti novamente a voz interior me dizendo; "Ainda não é isso... ainda não." Você pode achar um pouco confuso, o uso que faço da palavra "voz" mas pense mais nisso como uma imagem ou sentimento que chega até você. Essa foi a época em que me inscrevi na escola de cinema na Suécia. Enquanto aprendia a arte e as técnicas de criação de filmes, também abria uma produtora, onde nasceu o premiado documentário, Resiliência, abordando a vida do mestre Meia Lua. Fiquei muito feliz por poder usar minha experiência e habilidades anteriores em *branding* e comunicação de meu tempo como empresário no Brasil.

Porém, quando passava por alguém cantando na rua, desejava estar fazendo o mesmo. Eu ainda reconhecia esse desejo dentro de mim. Percebi que essa era uma paixão não-vivenciada da minha infância. Esse desejo inegável me impulsionou a criar uma banda em Malmö , da qual me tornei o vocalista. Tocava percussão, violão e cantava na rua. As pessoas me julgavam, mas era importante para mim vivenciar essa paixão.

Comecei a me apresentar em palcos por toda a Escandinávia, e até dividi o palco com uma cantora brasileira de sucesso. Eu mergulhei totalmente nesta paixão. No entanto, a vozinha de dentro, chegou mais uma vez, e até com mais força do que a voz projetada nos palcos para cantar. Dizia ela:

"Ainda não é isso... ainda não. Há algo mais esperando por você."

Mas agora, pelo menos, eu tinha vivenciado minha paixão reprimida, e isso me trouxe realização. Por que eu o encorajo a mergulhar em suas paixões? Talvez você tenha pensado que era desnecessário eu vivenciar minha paixão de infância. Ouça com atenção… Dentro de cada paixão que você tem contém um "saco de diamantes". Ele representa as habilidades que você desenvolve na busca por essa paixão.

DIAMANTES

Para ficar mais claro vou compartilhar alguns diamantes que recolhi vivenciando as minhas paixões para que você comece a se conectar com as suas.

CAPOEIRA → liderança, energia, linguagem corporal, movimentos, gestão de grupo e uma história que viria a se tornar um documentário premiado.

EMPRESA DE AUDIO-VISUAL → comunicação, narrativa, marketing e *branding*, que seguirei usando pela vida.

CANTAR → desenvolver uma voz forte e falar na frente das pessoas com confiança e energia.

Agora, estou usando todos esses diamantes no caminho para o meu propósito.

PAIXÕES NÃO-VIVENCIADAS

Talvez voce tenha havido um momento em sua vida em que sentiu que sua vida era emocionante - um momento em que você estava ávido por mais, mas, depois de um tempo, acabou se contentando com o que era aparentemente possível. Será que você parou de acreditar em seu sonho?

Tente fazer uma viagem no tempo e voltar até o período em que era criança. Quando foi que você se sentiu conectado com você mesmo? O que você estava fazendo quando sentiu essa conexão? Você estava sozinho ou pediu a alguém que olhasse o que você estava fazendo? Houve algum momento doloroso em que você parou de nutrir essa paixão?

Minha paixão não vivenciada (talvez desde a minha infância) pela qual ainda me sinto atraído é:

____

____

____

____

Suas paixões não são uma "transa de uma noite"

O que quero dizer com isso? Aqueles que têm paixões durante uma única noite só estão procurando uma solução rápida - um atalho para ganhar ou sentir algo com facilidade e rapidez. Eles sabem que não querem um vínculo (um relacionamento) normal ou estar na "corrida dos ratos", mas nem sempre acreditam que podem ganhar algo valioso com sua verdadeira paixão; alguns nem mesmo sabem qual é sua verdadeira paixão. Por exemplo, algumas pessoas entram no mercado imobiliário, mas quando o mercado muda, de repente estão promovendo coisas totalmente distintas como Bitcoins, aloe vera ou cannabis. Observe que não há nada de errado com essas paixões, mas se forem escolhidas por causa de uma tendência ou com a finalidade do enriquecimento rápido, então elas estão no caminho voltado a atingir metas. Esses tipos de paixões não fornecem diamantes. Uma paixão é algo em que você mergulha, mesmo que pareça impossível.

Se você já iniciou projetos com muita energia e motivação, mas depois de alguns obstáculos desafiadores sentiu-se desmotivado, provavelmente você estava procurando resultados de curto prazo, em vez de seguir um caminho voltado para um propósito. Talvez os projetos nem estivessem alinhados com o seu propósito em primeiro lugar. Você deixa de focar em seus concorrentes quando sabe que cada momento de sua meta está alinhado com seu propósito único.

A felicidade autêntica não pode ser reconhecida por outras pessoas. Você deve ser capaz de identificá-la sozinho. Sua paixão pode não fazer sentido para os outros. Só você saberá quando tiver vivenciado uma paixão e estiver no caminho certo para moldar seu propósito. Ao vivenciar suas paixões, você está moldando seu propósito.

Quais paixões você já vivenciou em sua vida? Pode ser que nenhuma ainda, mas você pode escrever quantas quiser.

Paixão 1 . _______________________________________

Paixão 2 . _______________________________________

Paixão 3 . _______________________________________

Paixão 4 . _______________________________________

Paixão 5 . _______________________________________

Que tipo de diamantes suas paixões vivenciadas lhe trouxeram? Em outras palavras, quais habilidades ou percepções suas paixões já vividas lhe proporcionaram?

Diamantes da
Paixão 1 ._________________________________

Diamantes da
Paixão 2 ._________________________________

Diamantes da
Paixão 3 ._________________________________

Diamantes da
Paixão 4 ._________________________________

Diamantes da
Paixão 5 ._________________________________

TERCEIRO MÉTODO

Reconhecendo sua singularidade

Você sabe quais são as suas chances de ser quem realmente você é? Lembre-se que as chances de se ganhar na loteria são maiores do que as de cada um de nós estarmos vivos.

Você já pensou que nem existiria se seu avô não tivesse conhecido sua avó? O fato de você ter nascido já faz de você um vencedor! Quando penso em como meu pai conheceu minha mãe, percebo como sou sortudo por existir!Ele estava em uma praia no Brasil, de sunga, curtindo o sol. De repente, houve um grande aguaceiro e ele teve que correr para se proteger debaixo de uma árvore. Ao lado dele estava aquela que depois veio a ser minha mãe, também tentando se proteger da chuva. Imagine se não tivesse chovido naquele momento? Eu não existiria, e é o mesmo para você! A probabilidade de você e todo mundo que você conhece existir é quase zero. Saiba que você pode amar a si mesmo apenas pelo fato de existir e de ser único. O que há de precioso em cada um de nós é a nossa singularidade, nossa perspectiva única e nossas experiências de vida. Nossa singularidade é um presente e tendemos a esquecer disso. VOCÊ é incomparável!

SÓ VOCÊ PODE "FAZER" VOCÊ.

Imagine seu ídolo - uma personalidade que você admira. Pense em alguém que você acha incrível. Agora, imagine essa pessoa tentando ser você. Mesmo que o seu ídolo fizesse todo o possível para se tornar você, isso não seria possível, porque só você pode "fazer" você. Quando você se compara com os outros, você elimina sua singularidade. Isso não quer dizer que você deixa de reconhecer o valor das outras pessoas, mas quando você abraça a sua, singularidade isso se expressa em uma maior autoestima. Quão poderoso é isso? Se você não respeita quem você é, e não tem orgulho de si mesmo, você não está somando o quanto poderia adicionar à humanidade. O que você concebe só pode surgir através de você mesmo.

Para encontrar seu propósito, você deve explorar sua singularidade. Quando você vive se comparando com os outros, está lhe faltando amor próprio. Se você vai embarcar em sua jornada voltada a um propósito, você precisa amar a si mesmo. Em uma das entrevistas que fiz nas ruas de Malmo na Suécia sobre as sutis regras sociais chamadas de *Lei de Jante*, recebi a seguinte resposta:

"Não acredito que fomos criados para ser um grupo homogêneo de pessoas. Fomos criados para ser diferentes. Se pudermos abraçar nossas diferenças, pode ser muito bonito. Quando suprimimos nossa singularidade, ela pode se transformar em racismo e as pessoas se tornarão mentalmente fechadas ou críticas ".

A Lei de Jante é um código de conduta que transforma nossa singularidade em mesmice.

KOANUKA

Muitas pessoas me perguntam de onde vem o nome Koanuka. Como você já pode ter imaginado, quando criança, sempre tive muita energia. Levei um tempo para perceber os benefícios de ser capaz de me concentrar. Não gostava da escola, mas adorava esportes. Tenho certeza que a esta altura você já sabe que a capoeira era uma das minhas paixões. Certo dia, por volta dos vinte e poucos anos, estava em uma festa com alguns amigos. Estávamos bebendo e resolvi jogar capoeira para me exibir para uma garota que estava de olho. Minhas acrobacias terminaram me levando ao chão e fiquei com um tornozelo quebrado.

Pela primeira vez em minha vida, fui forçado a parar. Fiz uma cirurgia e tive que ficar na cama com a perna suspensa por quatro meses. Lembro-me de ficar muito impaciente e irritado. Minha mãe e minha avó reconheceram que aquele era um momento desafiador para mim e fizeram o possível para me fazer companhia. Minha mãe me deu livros para ler, como forma de passar o tempo. Os assuntos escolhidos por ela me fizeram perceber o quanto eu me parecia com ela. O primeiro livro tinha o seguinte título: *Como curar a si mesmo*. Adorei aquele livro porque sempre acreditei no poder da mente. A partir daquele momento, comecei a me sentir mais centrado.

Tive alta do hospital, fui para casa, mas mantive o novo hábito de leitura. Eu adorava ler livros que enfocavam espiritualidade e o poder do pensamento. Lembro-me especialmente de uma mensagem que recebi através de um livro. Eu estava curtindo o sol, sentado perto da janela do meu quarto, quando li:

"Você deve escolher um nome que seja único para você e cada vez que você se lembrar desse nome vai se sentir forte, protegido e com poder."

Ao ler isso, um nome veio à minha mente, Koanuka. Não tinha ouvido falar desse nome antes, mas gostei. Descobri que esse era o nome da minha alma... mas essa é uma história para outro livro. Se todos nós temos impressões digitais diferentes, até mesmo os gêmeos, por que nossos nomes não deveriam ser únicos? Tenho certeza de que todos temos nomes exclusivos para nossas almas; eu descobri o meu e acredito que você pode encontrar o seu. O que surge de dentro de você deve ser tão valioso quanto sua impressão digital exclusiva. Você pode provar quem é com sua impressão digital e pode fazer o mesmo com sua singularidade. Todos nós nascemos únicos, mas muitas pessoas morrem como cópias.

MÉTODO 4

Ciúme, inveja e frustração

A inveja é uma emoção que ocorre quando sentimos desejo por algo que outra pessoa tem ou se tornou.

Sentimentos de inveja podem ajudá-lo a entender a direção de seu caminho voltado para um propósito.

O ciúme é quando tememos perder algo que é de grande valor para nós. Essa emoção ocorre quando desejamos manter o que já temos ou somos. Você pode sentir ciúme e inveja ao mesmo tempo se acreditar que sua perda é o ganho de outra pessoa.

Em um de meus workshops/eventos de *mind-training* na Suécia, perguntei do palco:

"Por favor, sejam honestos consigo mesmos quando eu fizer essa pergunta. Quem, daqui, sente inveja de mim agora?"

Algumas pessoas na plateia levantaram as mãos.

Insisti: "Quem sente apenas um pouquinho de inveja de mim aqui nesse palco a sua frente?"

Muitas mãos foram levantadas:

"Eu amo a honestidade de vocês!"

Eu disse a eles: "Fico feliz que vocês reconheçam que estão com inveja, porque isso pode ajudá-los a entender a direção de seu caminho voltado para um propósito. Há uma razão pela qual algumas pessoas sentem inveja; pode ser que alguns de vocês estejam pensando..."

" Eu deveria estar fazendo o que ele está fazendo."

Mas a inveja deve ser usada de forma positiva e tratada como um sinal. Lembro-me quando senti inveja de alguém. A pessoa de quem senti inveja era frequentemente convidada para dar palestras. Eu sentia que era um palestrante melhor e que deveria ser convidado. Eu nem me atinava ao fato de que aquela pessoa tinha ganhado um prêmio por sua oratória. Percebi que minha inveja estava tentando me dizer algo. Eu também queria ser palestrante, mas me faltava coragem. Nem eu estava tomando qualquer atitude para me tornar um orador público. Essa constatação me motivou a começar a agir de acordo com minha paixão. Quando fiz a palestra sobre "como reconhecer seu propósito," em São Paulo, uma mulher veio até mim depois e disse que ela nunca havia sentido essa inveja de que eu falava. Ela explicou que, em vez disso, ela sentia admiração. Se você também não vê esse sentimento como inveja ou ciúmes, tente usar a palavra "admiração" no lugar das outras duas.

Sinto admiração, inveja ou ciúme...

____

____

____

____

Porque...

____

____

____

____

FRUSTRAÇÃO

Você se lembra da história de minha frustração como professor, na Suécia, que cheguei ao ponto de dar um tabefe em um adolescente? Naquele momento, entendi que essa frustração era destrutiva, não apenas para mim, mas também para os outros. Quando voltei para casa, passei a refletir e passei a buscar uma solução, assim descobri o desenvolvimento pessoal. Também decidi encontrar um local para montar minha própria produtora. Estava cansado de trabalhar em home office e precisava de algo novo. Ambos os caminhos a seguir exigiam um investimento financeiro; no entanto, não tive coragem de investir naquele momento, até que me vi frustrado o suficiente para assumir novos riscos. A frustração serviu como gasolina, esperando apenas a chama a ser levada pelo palito de fósforo que estava em minhas mãos - e que eram minhas novas decisões ousadas.

Eventos e sentimentos continuamente nos guiam na direção em que estamos seguindo. Eu aproveitei isso, e deixei a frustração me guiar outra vez ao meu caminho voltado para um propósito.

Você se sente frustrado com alguma coisa neste momento da sua vida? Nesse caso, você deve se tornar o melhor amigo desse sentimento. Qual é realmente a sua frustração? O que sua frustração pode mostrar a você?

MÉTODO 5

O "como" não é problema seu

Essa geralmente é a parte mais difícil para as pessoas entenderem. Se você já prestou atenção ao que muitas pessoas bem-sucedidas dizem, deve ter percebido que elas não sentem que tiveram sorte; elas dizem que foram afortunadas o suficiente para obter os resultados que desejavam. O que isso significa?

Imagine como você gostaria de viver sua vida diariamente. Pense no que você faria e imagine como seria. Imagine que todos os seus sonhos se tornaram realidade. Como seria essa realidade? Passe um tempo concebendo isso.

Agora, pense qual pergunta poderia destruir essa fantasia? "Como"? Como posso realizar meu sonho? Esta pergunta certamente não o motivará a seguir seu caminho voltado para um propósito.

> "Perguntas de qualidade criam uma vida de qualidade. Pessoas bem-sucedidas fazem perguntas melhores e, como resultado, obtêm respostas melhores."
> - Tony Robbins

Nunca pergunte *COMO*. Em vez disso, pergunte *POR QUE* você deseja alcançar sua visão? Por que você quer isso?

Você pode ter um sonho ou pode querer trabalhar com algo que parece impossível.

Se você se concentrar em "por que deseja o que deseja," você se sentirá inspirado para agir na hora certa.

Já expliquei como e por que vim para a Suécia, mas, quando me tornei coordenador da equipe de Tony Robbins no Brasil, percebi que a sincronicidade também desempenha um papel importante nisso tudo.

Eu estava trabalhando como membro da equipe em Londres para o evento *Liberte o poder Interior*, (UPW) de Tony Robbins, que atraiu 12.000 participantes.

Entre milhares de pessoas, vi uma mulher que parecia estar lutando para se comunicar. Ela não falava inglês muito bem. Assim que começamos a conversar, percebi que ela também era brasileira. Causou-lhe grande felicidade e alívio poder falar em sua própria língua. Ela precisava de ajuda para conseguir acesso aos assentos mais caros do evento, aos quais apenas pessoas com ingressos da classe diamante poderiam acessar. Sua intenção era passar alguns documentos para alguém que ela sabia que estava sentado naquela área. Ao solicitar minha ajuda, o fiz com a melhor das intenções. De repente, ela me mostrou o projeto que carregava consigo. Contou-me que estava ali para realizar seu sonho de convidar Tony Robbins para ir ao Brasil pela primeira vez. Era realmente um sonho e tanto aquele seu pedaço de papel. Ela disse que teria uma reunião com os proprietários da *Success Resources*, Richard e Veronica Tan, que organizam os eventos de Tony. Foi quando ela me perguntou se eu poderia ajudar com a tradução. Ela havia viajado para a Inglaterra sem dominar o idioma, sem marcar uma reunião e sem um tradutor! Ela sabia o que queria e tinha certeza de que teria sucesso, só não sabia como fazer acontecer. Para encurtar a história, ao prestar aquele pequeno serviço a uma pessoa até então desconhecida, de repente me vi sentado à mesa de negociações com os donos da *Success Resources*, pronto para levar Tony Robbins ao Brasil pela primeira vez.

A partir disso, o sonho dela se tornou realidade e eu me descobri sendo o coordenador da equipe do Tony Robbins no Brasil. Sempre que você acolhe o seu *"porquê"*, você permite que as sincronicidades aconteçam.

> "Aquele que tem um *porquê* de viver, consegue lidar com quase qualquer como."
> - Friedrich Nietzsche

Se você me perguntar como isso pode ter acontecido, eu lhe diria que eu estava cumprindo o meu porquê e aquela mulher estava cumprindo o dela; essa sincronicidade aconteceu de forma divertida e surpreendente. Isso, para mim, era felicidade. Foi muito individual. Felicidade é o que senti em minha jornada para me tornar o coordenador da primeira vinda de Tony Robbins ao Brasil.

Reflita sobre estas questões:

Quando foi que você estava no lugar certo, na hora certa e agiu da forma certa para obter resultados ou aventuras incríveis?

Qual foi o seu *PORQUÊ* nesses momentos, e o que o move hoje?

DESEJO

Quando o seu desejo é mais forte do que o seu medo, você fará qualquer coisa para realizar esse desejo. Seu desejo precisa ser maior do que o medo de não fazê-lo. Por exemplo, meu desejo de passar minha mensagem é tão forte que estou forçando e impulsionando meu desenvolvimento para me tornar um palestrante em três línguas diferentes. Estou com medo o tempo todo, mas meu desejo de espalhar minha mensagem venceu esse medo. Se você não sair da sua zona de conforto, seu desejo por aquilo que está tentando conseguir não será grande o suficiente para movê-lo. Seu *porquê* precisa ser tão grande que o *"como"* se resolverá por si só. O *COMO* não é problema seu; mas o *PORQUÊ* sim.

Alguns acreditam que nosso propósito está esperando para ser encontrado. Eu também costumava pensar assim, mas hoje em dia, acredito que precisamos reconhecer nosso propósito e nos esforçar para desenvolvê-lo. Nosso propósito não está perdido; ele está dentro de nós. Precisamos apenas entrar em contato conosco mesmos e nos expor à vida para enxergá-lo. Quando reconheci meu propósito, senti-me alinhado comigo mesmo porque experimentei uma emoção de realização. Seu propósito se manifesta como um sentimento de realização.

Quando você encontra seu propósito, não fica ansioso em obter resultados rápidos porque está gostando da jornada. Quando você sabe que o caminho é para o resto de sua vida, isso lhe traz paz e liberdade. Não importa o caminho que você escolhe na vida; você irá se deparar com obstáculos e, em algum momento, você morrerá. Assim como todas as refeições ficam mais saborosas quando você está com fome, todos os caminhos lhe trarão mais felicidade, se você for capaz de vivenciar a ansiedade e o medo que acompanham o feito de sair da sua zona de conforto.

> "Lembrar que você vai morrer é a melhor maneira que conheço de evitar a armadilha de pensar que você tem algo a perder. Você já está nu. Não há razão para não seguir seu coração."
> - Steve Jobs

Se você iniciou projetos com energia e motivação, mas depois de um tempo perdeu o engajamento devido a obstáculos difíceis, provavelmente estava procurando resultados de curto prazo.

Felicidade e realização serão então maiores do que qualquer caminho escolhido por escassez. Em seu caminho voltado para um propósito, você não precisará de força de vontade para empurrá-lo; você terá paciência e será puxado por sua automotivação.

4
AÇÃO

Como sair da sua zona de conforto

No capítulo anterior, você passou um tempo considerando suas paixões; um passo chave para se alinhar ao seu propósito. Depois de reconhecer seu propósito, você precisa agir em relação a ele para obter os resultados que merece e deseja. Propósito sem ação é uma alucinação.

Na metodologia da OCZ, existem algumas definições relacionadas a propósito e ação:

- Propósito sem ação = Falta de realização.

- Ação sem propósito = Falta de significado.

- Propósito + ação = resultados exponenciais.

Se você quer sair da sua zona de conforto, mas acha que terá que se esforçar muito para que isso aconteça, você está errado. Tenho estudado personalidades de alto desempenho e percebi que todos eles começaram suas jornadas de sucesso com pequenos passos em direção à vida que querem construir. Quando comecei a palestrar em inglês, achei muito desafiador. Antes de realmente ver como seria estar nessa posição, eu me sentia confiante, mas assim que pisei num palco, tive medo dele.

Continuei me esforçando até me sentir confortável como orador. Assim que me senti mais confiante, comecei a escrever e memorizar falas de no máximo 5 minutos, até ganhar segurança. Continuei expandindo essa capacidade até conseguir palestrar por um dia inteiro. Foi quando passei a fazer treinamentos para o público pelos vários palcos que vieram desde então. Para desenvolver essas habilidades de conversação, tive que expandir continuamente a capacidade de me sentir seguro em ambientes menos familiares.

A zona de conforto é apoiada pelo instinto de nosso cérebro de nos proteger de danos físicos e psicológicos. Rotulamos qualquer coisa fora dela como arriscada; esta pode ser uma decisão consciente ou inconsciente. No entanto, esse espaço seguro que aparentemente lhe é tão familiar não passa de uma ilusão. Será que você está disposto a transformar o mundo lá fora e abrir mão dessa ilusão de segurança? Convido-o a embarcarmos juntos para deixar mais confortável seu desconforto.

Primeiro, temos que entender como nosso cérebro resiste às mudanças por medo.

Sua zona de conforto compreende a área onde o seu desempenho é consistente, correspondendo aos seus resultados atuais. Ela é seu padrão e, portanto, seu status quo. A maioria de nós se sente confortável com nosso próprio padrão, o que, às vezes, acaba até por impedir que vivamos a vida que queremos por preferir sempre saber como lidar com os resultados existentes.

Nossos pensamentos geram sentimentos, que são a base de nossas ações, que são iguais aos resultados alcançados. Quais você acha que seriam os resultados se você aprendesse a lidar com seus pensamentos?

O primeiro passo para sair da zona de segurança é TOMAR UMA DECISÃO! No entanto, a maioria das pessoas não entende o real significado de uma decisão. A maioria das pessoas toma decisões apenas mentalmente. No entanto, uma decisão de verdade é uma NOVA AÇÃO.

Seus resultados desejados encontram-se além desse lugar confortável de acomodação. O que você tem feito atualmente tem dado os resultados que você tem hoje. Agora, você precisa criar novos hábitos que o levarão em direção aos resultados desejados. Somos resultado do que fazemos habitualmente. A maioria dos nossos hábitos são herdados. Por favor, pergunte-se:

Criei o hábito de sair do conforto, ou sempre prefiro ficar na ilusão de segurança?

Se você estiver ciente da resposta a essa pergunta, terá mais poder sobre a direção que deseja tomar.

> "Uma decisão real é medida pelo fato de você ter realizado uma nova ação. Se não houver ação, você ainda não decidiu de verdade."
> - Tony Robbins

É simples na teoria, mas, na realidade, você precisará começar a sair da zona ilusória de conforto para mudar sua vida em direção ao seu propósito. Quando você decide experienciar o novo, você abandona padrões ou pensamentos invasivos, que seu cérebro interpreta como um perigo potencial e o alerta por meio de sentimentos de estresse, ansiedade e medo.

Para poder dar o basta na inércia e deixar o conforto, primeiramente você deve reconhecer em que situações está vivendo nela.

Como você cria seu mundo exterior? Tudo o que você experimenta na sua vida hoje é criado por seu mundo interior. Você nunca vai além do que está acontecendo dentro de você.

Para começar a criar uma nova realidade, quero que você acesse a sua imaginação! Quero ativar seu subconsciente. A imaginação é uma linguagem que sua mente subconsciente entende. Isso é chamado de Representação Metafórica Interna ou RMI.

Lembre-se, tudo o que eu disser para você fazer tem um significado. Pode parecer que não há sentido em seguir essas instruções, mas não estou tentando falar com a parte lógica do seu cérebro, e sim com o seu subconsciente. Para acessá-lo, não precisamos usar a lógica.

Para obter o máximo deste exercício, sugiro que você tente imaginar-se no cenário abaixo.

Imagine andar em um enorme jardim onde estão as flores de suas cores favoritas. Você vê borboletas e abelhas. Sente o sol aquecendo suavemente sua pele. Você percebe um coelho olhando para você. O coelho começa a pular, mas se vira como se tentasse chamar sua atenção. Você começa a seguir o coelho e ele o leva até a maior árvore que você já viu. Você sente o desejo de se aproximar da árvore. Fica na frente dela e toca suas enormes raízes. Você nota um buraco na árvore, grande o suficiente para você passar. Conforme se aproxima da entrada do buraco, percebe que ele continua como um caminho. Você entra e começa a seguir esse caminho.

A luz da entrada fica mais fraca à medida que você entra no buraco. Ele começa a cheirar mal, até mesmo pútrido. De repente, você ouve um som agudo e algo passa por seus pés. Você olha em volta e vê ratos correndo. Sente-se um pouco inseguro quanto a prosseguir, mas sua curiosidade o faz continuar caminhando. Você ouve e sente um estalo sob seu pé. Ao levantá-lo percebe que pisou em uma barata. Você sente um frio na espinha e decide sair de lá. Mas, assim que você se vira, ouve uma voz familiar gritando seu nome. Você se vira e começa a caminhar em direção à voz. Quando se aproxima, percebe que é um de seus amigos. Você pergunta ao seu amigo:

"O que você está fazendo aqui?" Seu amigo responde:

"Eu tropecei neste buraco e agora me sinto em casa aqui dentro". Você diz:

"Mas você sempre me disse que ia largar esse emprego".

"É difícil conseguir outro emprego. As qualificações são diferentes das minhas. É muito tarde para mudar agora."

Você olha para o seu amigo. A energia que ele costumava ter parece haver se esvaído.

"Este trabalho parece deixá-lo doente. Venha comigo. Deixe-me ajudá-lo a sair desse trabalho! Seu lugar é fora deste buraco."

"Não, não, não. Eu não poderia conseguir um salário melhor do que esse. Está tudo ok. Meu chefe e meus colegas podem não se importar comigo, mas eu sei como fazer meu trabalho. Eu me sinto bem aqui."

Você percebe que não pode mudar a opinião de seu amigo, mas em vez de voltar atrás, você quer entender o que o está prendendo neste buraco. Você anda cada vez mais fundo. Fica mais escuro e você sente a água suja encharcando seus sapatos. Você continua e a água começa a atingir seus tornozelos. À sua frente, outra pessoa começa a tomar forma. Você percebe que é outro amigo seu. Surpreso, você pergunta o que seu amigo está fazendo ali e ele responde;

"Sabe, eu achei muito difícil abrir um negócio. Já falhei duas vezes. Não é para mim."

Você lhe diz:

"Ei, eu conheço você! Você tem visões incríveis para negócio!"

Mas o amigo ainda insiste:

"Não sou bom o suficiente."

Você ajuda seu amigo, estendendo a mão.

"Venha comigo! Tente outra vez!"

Seu amigo segura sua mão e começa a caminhar de volta para o buraco na árvore. Vocês estão caminhando de mãos dadas. A água diminui e você começa a ver um pouco de luz pela abertura. De repente, seu amigo solta sua mão e diz:

"Sabe, acho que preciso estudar um pouco mais antes de sair. Talvez eu não tenha o que é preciso para ir até o fim! E se eu cair mais fundo do que já caí? Quem sabe a profundidade desse buraco?!"

Antes que você tenha tempo de responder, seu amigo já se foi. Você corre de volta para o buraco olhando ao seu redor e percebe que perdeu seu amigo, e agora está em um esgoto ainda mais profundo. Agora, a água chega aos seus joelhos. A água é fétida e você está molhado e com frio. Você tem vontade de desistir e pensa em sair de lá novamente. Pouco antes de você se virar, vê outra pessoa ainda mais fundo no buraco. Essa pessoa está pulando de costas na água como se fosse uma piscina de lama. Você caminha em direção a ele, embora o esgoto esteja alcançando sua própria cintura agora; você começou a se acostumar com o frio e o fedor. Você olha para a pessoa e a pessoa olha para você; você percebe que é outro de seus amigos.

"Por que você está neste buraco?!" você pergunta.

Seu amigo responde:

"Não é tão ruim quando você se acostuma. Estamos juntos há mais de 20 anos, não posso simplesmente jogar isso fora. Como posso encontrar alguém que me conheça melhor? Além disso, todos os que valem a pena já estão casados e estou envelhecendo de qualquer maneira".

Você pergunta:

"Mas e todos os seus sonhos? A pessoa com quem você está agora está segurando você! Você deveria sair daqui. Você costumava ser positivo e cheio de energia. Costumava ser divertido, brincalhão e animado em relação à vida. Este relacionamento está sugando sua energia. Saia disso; seu lugar não é aqui, neste buraco!"

Ele responde:

"Mas todas as pessoas que prestam provavelmente já estão casadas agora. Quem iria querer ficar comigo? E se eu acabar sozinho pelo resto da minha vida?"

Você olha seu amigo mais de perto. Uma névoa invisível parece ter apagado a faísca que você via antes em seus olhos.

"Essa água está deixando você doente. Segure a minha mão ou então você vai morrer!"

Finalmente, ele segura sua mão e vocês dois seguem pelo caminho para fora do buraco e para a luz.

O que você acha que o buraco representa? O buraco é a sua zona de conforto, é a sua Caverna de Platão onde você se habituou a viver entre sombras projetadas.

Há momentos em que partes de nossas vidas são uma merda e achamos tudo bom porque estamos acostumados. Essa é a nossa zona de conforto.

Às vezes, aceitamos essas situações por tanto tempo que nem reconhecemos que estamos presos; isso porque, eventualmente, você passa a sentir na merda o cheiro de flores...

O buraco é uma representação do estado de espírito em que você sente que tudo é familiar e que tem o controle do ambiente; mesmo que não seja um ambiente ideal, o status quo previsível faz seu cérebro se sentir seguro e paralisa suas ações, impedindo avançar para o imprevisível. Em sua área de segurança, as coisas são repetitivas, sem mudanças e, portanto, não há desenvolvimento.

Os amigos da história estavam confortáveis dentro do buraco. Um deles estava até nadando e mergulhando na água fétida. Eles não sabiam que estavam em suas zonas de conforto e que haviam se acostumado com um ambiente pútrido. Assim como nossos amigos do buraco, muitas pessoas pensam que não precisam mudar de vida porque consideram que onde está já está bom o suficiente.

A interpretação de continuar seguro é diferente para cada pessoa, mas continuar nisso não permite que ninguém defina ou siga sua receita única para o sucesso.

Você consegue reconhecer algum daqueles três amigos na sua vida real? Ou será que você consegue se ver em um deles? Você alguma vez já se acostumou com um trabalho de merda, ou desistiu de um sonho, ou permaneceu em um relacionamento destrutivo apenas porque parecia mais seguro do que deixá-lo?

A desvantagem de continuar em segurança é que os baixos níveis de estresse e ansiedade que ela traz também provoca desempenhos de baixos níveis. Imagine um atleta. Eles exaurem seus corpos, recuperam-se e ficam mais fortes, num processo certamente muito desconfortável; no entanto, eles alcançam um alto nível de desempenho e, portanto, obtêm resultados. Se você quer desenvolver ou fazer crescer sua empresa, mas permanece fazendo exatamente as mesmas coisas que sempre fez, seu desempenho e, portanto, seus resultados serão sempre os mesmo.

Alasdair A. K. White referiu-se à zona de conforto como um nível estável de desempenho e, para sair dela, precisamos enfrentar a ansiedade e o estresse. Para atingir outro nível em seu desempenho, você precisa ser capaz de ver o estresse e a ansiedade como parte do seu progresso.

POR QUE VOCÊ DEVE SAIR DA SUA ZONA DE CONFORTO?

O que todos nós procuramos na vida? O que quer que você esteja procurando, seja dinheiro ou a realização de algo, você deseja por causa da maneira como você acha que isso o faria se sentir. Portanto, por trás de tudo o que queremos, buscamos felicidade e realização.

Achamos que partimos de onde estamos em direção a uma meta, e que quando a atingirmos seremos felizes, mas isso nem sempre é verdade. Muitas pessoas que atingem suas metas continuam infelizes. Isso ocorre porque alcançar uma meta é algo satisfatório, mas de curta duração.

Precisamos ter uma sensação de progresso para nos sentirmos felizes. Se não evoluímos, ficamos estagnados. Se não estivermos crescendo, estamos morrendo.

Quando você atinge uma meta, você se sente bem — mas por quanto tempo? Uma semana? Um ano? Depois, já não te anima mais. A vida não é atingir metas; a vida é sobre quem você se torna na realização do seu propósito. Isso significa que não podemos encontrar a felicidade se não dominarmos a travessia para fora de nossas zonas de conforto.

Por mais piegas que pareça, sua melhor vida ESTÁ fora desse lugar aparentemente "confortável".

O GURU

Um homem queria encontrar seu guru. Por mais de dez anos, ele o procurou. Pesquisou, no mapa, onde achava que o guru poderia estar e viajava de um lugar para outro tentando encontrá-lo. Em sua jornada, conheceu pessoas que contaram histórias sobre o guru. Ele gostava de estar nessa aventura, pois sentia que estava cada vez mais perto de seu objetivo. Em um restaurante, ao longo do caminho, ele soube que o guru estivera na aldeia naquela manhã. O dono do restaurante disse-lhe que o guru subiu à montanha - ele apontou a direção indicando para onde fora o guru. Depois de escalar a montanha, o homem finalmente encontrou o guru. Este foi o momento mais feliz de sua vida. No entanto, quando ele se sentou e conversou com aquela figura sábia, começou a sentir que o guru era como qualquer outro ser humano. Então ele começou um diálogo interno – será que era isso mesmo? Passei dez anos procurando por um velho com uma grande barba? Ele expressou sua decepção com o guru.

O guru começou a rir. Perguntou ao homem se ele tinha gostado da viagem. Perguntou se ele ganhou novos amigos, se ele divertiu e se desenvolveu ao longo do caminho. Enquanto o homem respondia sim a todas as perguntas, o guru continuou e disse-lhe que agora ele precisava criar um novo ponto de sucesso em sua vida. Que tal escrever um livro, fazer um filme ou dar uma palestra sobre o que aprendera durante seus dez anos de busca? Enfim, o guru deixou para nós essa mensagem: Para ser feliz., você precisa definir uma nova meta para poder desfrutar de uma nova jornada. Felicidade é a alegria que você sente com o desabrochar do seu propósito.

Se você não está crescendo, não há felicidade; você já sentiu isso em sua vida? Como você se sente no início do ano, quando faz uma resolução de ano novo?

Progresso! Sentimo-nos felizes e comprometidos.

"Este ano será o meu ano!"

"Agora vou perder peso."

"Agora vou ficar mais forte."

"Agora vou mudar minha vida."

Se você fizer uma resolução de ano novo, criará uma expectativa de progresso — mesmo se quebrá-la depois de algumas semanas ...

> "Progresso é igual a felicidade. Mesmo que você ainda não esteja onde deseja, se estiver no caminho, se você está melhorando, se você está fazendo progresso, você vai adorar. Você vai se sentir vivo".
> - Tony Robbins

Se você continuar sempre escolhendo o conforto, se conformará com a mediocridade e nunca irá desdobrar seu propósito. Você nunca vai descobrir quem você realmente é. Dessa forma, você ainda está tecnicamente vivo, mas continua como se tivesse morrido. Viver a vida "dentro da caixa" é se contentar com algo que não o faz realmente feliz. Pior ainda, se você tiver uma nova oportunidade, vai se conter (muitas vezes inconscientemente) por medo de perder a segurança e a certeza. Martin Luther King Jr. expressou isso perfeitamente:

"Você tem talvez 38 anos, como eu. E um dia, uma grande oportunidade se apresenta diante de você e o chama para defender uma grande causa, um princípio valoroso ou uma causa relevante. E você se recusa a fazer porque tem medo... Você se recusa a fazer porque quer viver mais... Porque tem medo de perder o emprego, de ser criticado ou de perder a sua popularidade, ou você tem medo de que alguém o apunhale, atire em você ou bombardeie sua casa; então você se recusa a tomar posição.

Bem, você pode continuar e viver até os 90, mas você está tão morto aos 38 quanto estaria aos 90. E a suspensão de sua respiração será apenas o anúncio tardio da morte precoce do seu espírito."

CÉREBRO, MEDO E ZONA DE CONFORTO

Agora que entendemos a zona de conforto, precisamos entender por que é tão difícil quebrar o hábito de escolher o conforto. Para começar a nos tornar mestres em tornar confortáveis as experiências desconfortáveis, precisamos entender como nosso cérebro funciona; assim, seu cérebro não se tornará seu inimigo quando você tentar obter novos resultados.

Não sou neurocientista, mas com o conhecimento que adquiri da Programação Neurolinguística, ou PNL, explicarei como o cérebro o impede de sair facilmente de sua zona de conforto. Acredito que um grande livro é aquele que tornará algo complicado de fácil aplicação para seus leitores.

Você notou que a maioria das notícias que recebemos da mídia são negativas? Geralmente transmite uma sensação de perigo ou ameaça, não é mesmo? A cada dia, muitas coisas podem acontecer em todo o mundo: uma nova invenção é concebida, pessoas são curadas de doenças, direitos humanos evoluem, negócios sustentáveis são estabelecidos, um avião cai —adivinhe a qual dessas notícia a mídia dá mais atenção?

Seu cérebro presta atenção aos sinais de ameaça e perigo. Ele deve ficar alerta a qualquer coisa que possa ser uma ameaça potencial à sua vida e deve agir automaticamente para protegê-lo. Ele está programado para lutar, fugir ou paralisar. Seu cérebro não prioriza sua felicidade; não foi projetado para fazer você sair da sua zona de conforto e alcançar os resultados desejados. Se você não souber como usar seu cérebro, ele se tornará seu pior inimigo. É sua função administrar sua mente para alcançar felicidade, sucesso, saúde e riqueza. É seu trabalho transformar suas ideias em ações.

Algumas pessoas saem de sua zona confortável e iniciam um blog, uma empresa ou aprendem algo novo, mas assim que tropeçam nas consequências de um comportamento antigo e indesejado, não estão dispostas a mudar para que possam continuar em sua nova jornada. Em vez disso, elas voltam para seus *status quo*.

Imagine que você decidiu criar uma nova realidade. Por exemplo, você decidiu fazer uma ligação para vender um de seus produtos, ou está prestes a aceitar um convite para sua primeira conferência para falar em público. Logo antes de ligar ou dizer sim ao convite, você começa a se sentir estressado e ansioso e seu cérebro começa a enviar pensamentos temerosos sobre sua decisão. Agora você está com medo. Seu cérebro está apenas fazendo seu trabalho — protegendo você do desconhecido. A maior parte do medo vem da administração de nossas faculdades mentais; você vai aprender isso agora. Existem dois casos em que o medo é desencadeado.

PRIMEIRO CASO

O medo não é necessariamente uma coisa ruim; é um dos instintos de sobrevivência inerentes ao ser humano. É uma reação fundamental e profundamente arraigada para nos proteger contra uma ameaça percebida à nossa existência. O primeiro caso de experiências de medo sobre o qual vou falar é quando estamos enfrentando uma situação real entre vida ou morte. Nessas situações, entramos em uma resposta de luta-fuga-paralisia; este é um aspecto positivo do medo porque pode salvar nossas vidas. Então, por que o cérebro reage assim? Como é que o sistema funciona? E como podemos administrar isso para que possamos sair da zona de conforto e alcançar os resultados que desejamos?

O cérebro reage ao medo para nos ajudar a agir rapidamente sem muita análise. Alguns segundos podem ser cruciais se precisarmos responder com luta ou fuga. Imagine-se caminhando em uma selva e de repente uma cobra aparece na sua frente. O medo aciona seu sistema de alarme e sua reação é fugir ou matar a cobra. Se você parar para analisar se a cobra é venenosa, aqueles segundos preciosos podem ser fatais, pois a cobra pode matá-lo. O sistema do cérebro funciona perfeitamente nessas situações porque pode não haver tempo para analisar todas as informações que você está recebendo naquele momento. É como se o cérebro tirasse uma fotografia da situação e rapidamente a colocasse em uma de duas categorias; ameaças ou não ameaças. Assim que o cérebro decide que a situação é uma ameaça, ele ativa sua parte chamada amígdalas cerebelosas. Isso significa que quando você está tentando sair da zona de conforto, seu cérebro categoriza essa nova ação como uma ameaça. Essa parte do cérebro não pensa — ela reage. Todos os pensamentos de medo ativarão suas amígdalas e o farão lutar, fugir ou paralisar.

SEGUNDO CASO

O segundo caso que quero discutir é quando o medo é desencadeado em situações nas quais não tememos a morte. São cenários criados pela mente. Alguns exemplos desses cenários são o medo do fracasso, rejeição, mudança, perda por julgamento e o desconhecido.

Essas emoções de medo "falso" acionam nosso cérebro para lutar, fugir ou paralisar, o que gera muitas emoções negativas, como agressão, irritação, ansiedade, opressão, paralisia e até depressão.

CÉREBRO NETFLIX

Um dia, eu estava nas ruas de Malmö e de repente um homem se aproximou e disse que precisava de dinheiro para comprar uma passagem de trem para chegar a outra cidade. Ele me perguntou se eu gostaria de comprar seu anel de ouro. Olhei para o anel e gostei, então disse que sim. Eu estava um pouco cético, mas ele precisava de dinheiro rapidamente, então decidi que a oferta era boa demais para ser recusada. Depois de pagar e receber o anel, me despedi do homem e me sentei para esperar o ônibus. Percebi que a pessoa que me vendeu o anel estava conversando com um grupo de quatro homens, todos vestidos de preto. Comecei a me sentir como se estivesse em um filme de suspense dirigido por minha mente medrosa:

> "Agora você está em apuros; esse cara faz parte de uma gangue e eles planejam tomar o anel de volta. Ele enganou você. Você não só perderá seu dinheiro e o anel, mas também se machucará."

Fiquei com muito medo, mas, finalmente, o ônibus chegou; uma vez dentro do ônibus, comecei a me acalmar, mas então novos pensamentos surgiram:

> "Olha aqueles dois homens ali atrás. Eles parecem ser da gangue. Eles estão apenas esperandoe que eu desça do ônibus para me pegar".

Não ousei me virar e olhar, mas podia sentir os homens me encarando. Tentei agir como se não os tivesse notado. O ônibus parou e um dos homens desceu. Fiquei aliviado, mas o outro ainda estava no ônibus, então fiquei alerta. Na próxima parada, eu desci. O homem ficou no ônibus. Atravessei a rua e subi para o meu apartamento. Abri a porta e rapidamente a fechei. Um novo pensamento me ocorreu:

"Você deveria olhar pela janela porque provavelmente eles o seguiram de carro".

Olhei pela janela e não havia nada lá. Por fim, me convenci de que estava com a voz de Steven Spielberg na minha cabeça e que ele havia criado um filme da Netflix na minha vida!

Essa história me faz rir hoje em dia, mas, na época, eu estava com muito medo. Quantas vezes sua mente pregou peças em você?

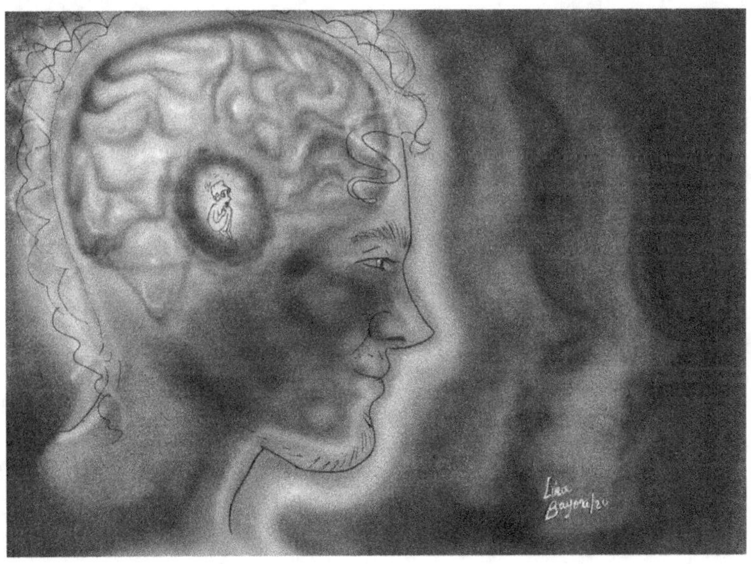

Você acha que também tem um "cérebro Netflix"? Você se lembra de alguma história que fez você se sentir como se estivesse enfrentando uma ameaça real, mas na verdade era apenas sua imaginação?

Nossos cérebros estão constantemente procurando ameaças à nossa sobrevivência. Quanto mais cedo as ameaças forem detectadas, mais cedo você poderá combatê-las. Isso significa que seu cérebro detecta ameaças em potencial, como perder o emprego ou romper relacionamentos, etc. Muito estresse e ansiedade desnecessários vêm de nossa imaginação. Quase toda vez que você tenta sair de sua zona de conforto, seu cérebro fará uma PERGUNTA seguida por uma DECLARAÇÃO NEGATIVA.

E se...?

Exemplo:

E SE eu compartilhar meu vídeo no Facebook?

DECLARAÇÃO NEGATIVA: As pessoas vão me julgar e, portanto, me rejeitar. Não terei nenhum apoio.

Por que nosso cérebro se importa com o que as outras pessoas pensam de nós? Pense em como você era socialmente dependente quando nasceu. Embora muitos animais possam se defender sozinhos quase imediatamente após o nascimento, sem a supervisão dos pais, os humanos precisam de anos para desenvolver suas necessidades físicas, ao mesmo tempo que administram um raciocínio complexo, comunicação e interação social. Pare para pensar em como a conexão social continua a ser importante para o seu negócio, para conseguir um emprego e para o seu bem-estar.

Sempre que você perceber que está pensando "E SE ...?", analise se os pensamentos que se seguem são ameaças reais ou fictícias. Você pode usar a sigla FEAR ("medo", em inglês, para *False Evidence Appearing Real*, ou "Evidências falsas que parecem reais"), para analisar se seu medo é legítimo ou não. Falsas ameaças impedem que você aja em direção ao seu propósito.

QUAL ARQUÉTIPO DE ZONA DE CONFORTO É O SEU?

Podemos falar de quatro arquétipos. Qual deles é o seu?

CORRIDA DE RATOS

O primeiro é o que chamo de arquétipo da corrida de ratos. Pense na metáfora dos amigos no buraco, da seção anterior. Os cérebros deles foram desligados; eles estavam no piloto automático. Se seu cérebro não enfrentar um nível saudável de ansiedade e estresse, ele também será "desligado". Foi o que aconteceu com os amigos no buraco. Suas vidas são repetitivas e eles estão presos em uma espécie de *loop*. O motivo pelo qual eles não queriam ouvir você era porque seria um processo doloroso despertar seus cérebros do modo de economia de energia em que se encontravam. A dor que sentimos ao sair da posição confortável é maior do que a dor que sentimos se permanecermos nela. Qual seria uma boa metáfora para sair da zona de conforto? Poderia ser aquela ligação de telefone que você deveria ter feito para vender seu produto ou serviço e não teve coragem, ou aquela pessoa que você deveria ter convidado para sair mas não ligou por se sentir inseguro, ou ainda aquele chefe ou pai para quem você simplesmente deveria ter dado o dedo.

OS CRIATIVOS

Arquétipos criativos FALAM mais do que FAZEM. Eles apenas pensam consigo mesmos:

"Hoje vou sair da minha zona de conforto!"

Eles estão perto de lançar seu produto, mas pouco antes disso, lembram das críticas e começam a reavaliar todo o seu produto e mercado. Depois de fazer mais pesquisas, eles se sentem encorajados a reiniciar o lançamento, mas decidem que agora provavelmente não é um bom momento. Quando a hora propícia finalmente chega, outra coisa interrompe o lançamento.

Você acha que a maioria das pessoas lança produtos muito rapidamente ou fica em desenvolvimento por muito tempo? Este arquétipo pode ser reconhecido pelo segundo amigo do buraco. Aquele que começou a sair, mas depois resolveu voltar.

AQUELES QUE ASSUMEM RISCOS

Algumas pessoas são motivadas mais pela segurança. Eles não correm riscos. Outros são mais motivados pela liberdade e podem desafiar o sistema. Esses talvez estejam vivendo fora do sistema com um estilo de vida alternativo — apostando seu dinheiro ou administrando um negócio ilegal. Eles podem pensar que estão fora de sua zona de inércia, mas os hábitos que cultivam são precisamente esse lugar que lhes paralisa.. Eventualmente, seu estilo de vida pode prejudicá-los. Por exemplo, viver sem dinheiro pode dar a falsa sensação de que estão vivendo destemidamente. Talvez para os outros eles estejam levando uma vida destemida, mas será será que realmente estão? O hábito de não ter rotina pode ser algo que você segue fazendo e esse comportamento ser justamente o seu status quo. Fazer negócios de forma sustentável, participar da sociedade ou construir uma carreira poderiam ser ações fora da zonas de conforto daqueles que gostam de assumir risco.

OS OUTSIDERS

O quarto arquétipo são os *outsiders* ou, literalmente, "os que estão fora". São aqueles que se atrevem a lançar um produto. Essas são as pessoas que admiramos. Às vezes, sentimos inveja delas. Elas estão cientes de sua zona de conforto e se esforçam para deixá-la, apesar da dor e do desconforto que sentem; elas são puxadas por seus propósitos. *Outsiders* entendem como seus cérebros funcionam e treinam para estar no controle de suas mentes, e não o contrário.

DUAS DICAS PRÁTICAS PARA AJUDÁ-LO A SAIR DA ZONA DE CONFORTO

1% supera 100%

Um pequeno movimento para expandir sua zona de conforto funciona muito mais do que tomar grandes decisões. Por exemplo, hoje em dia posso fazer um *workshop* de um dia inteiro sozinho — quase oito horas no palco — mas não comecei assim. Comecei com uma palestra de cinco minutos, com uma pequena plateia; algo que achei difícil na época. Em seguida, consegui dez minutos, quinze, trinta, uma hora e agora, depois de aumentar a resistência falando hora após hora, posso falar por um dia inteiro. Minha conversa de cinco minutos representou estar 1% fora da zona de conforto e uma conversa de dia inteiro representou 100%. Como você acha que funcionaria para mim se eu nunca praticasse minhas pequenas conversas, meu 1%, e fosse direto para uma conversa de um dia inteiro? Eu nunca teria nem começado. Muitas pessoas nunca falam por um dia inteiro porque presumem que precisam estar 100% fora de sua zona de conforto desde o início. Pensar que você precisa ir de 0 a 100% pode ser assustador e pode significar que você nem mesmo irá começar. Para criar uma nova realidade, dar pequenos passos é melhor do que tentar dar grandes passos. Então, quais pequenos passos (1%) você pode dar para expandir sua zona de conforto hoje?

REGRA DE 3 SEGUNDOS

Quando você tem uma ideia, você tem três segundos para agir; após esse tempo, seu cérebro injetará preocupação e medo. Lembra-se do "e se..."? Em três segundos, seu cérebro encontrará uma afirmação negativa que pode afetar você. Em vez de permitir que a declaração negativa governe suas ações, você pode usar a mesma regra para injetar coragem, poder, energia e felicidade, sempre que tiver uma ideia. É uma regra simples, mas pode ser um desafio colocá-la em prática. Acho que essa regra é fortalecedora porque nos ajuda a entender como nos comportar ao sair da nossa área de segurança. Aja de acordo com seus novos impulsos de ação no curto intervalo de tempo de um a três segundos, antes que a parte da amígdala de seu cérebro assuma o controle.

RESPONSABILIDADE PESSOAL

Muitos clientes me procuram porque querem que eu resolva um problema; não encontram coragem para iniciar ou mudar de negócio ou carreira, lidar com questões ou dúvidas de relacionamento; eles querem algo que pensam que não podem ter e não sentem apoio ou confiança. Eles querem que eu resolva um problema e seja responsável por mantê-los no caminho certo em direção à vida que desejam. A pessoa muitas vezes nem se dá conta de que seu treinamento para desenvolver responsabilidade pessoal já está acontecendo.

Tive uma cliente que havia feito grandes progressos em direção à vida que desejava. No entanto, durante a quinta semana, ela deu cinco passos para trás. Chegou à nossa sessão sentindo-se arrasada. Havia perdido sua fé e sua autoestima estava em baixa por causa de seu fracasso. Ela alcançou grande sucesso, mas agora havia esquecido todo o seu progresso. Como seu treinador mental, meu trabalho era colocá-la de volta nos trilhos. Após a sessão, fiz uma confrontação com ela; verificamos suas expressões faciais, linguagem corporal, palavras e estado de espírito, para confirmar se ela estava novamente no rumo certo e poderia continuar em direção a seus objetivos por si mesma. Este poderia ter sido o ponto em que ela desistiria de seu desejo — mas ela tinha um treinador mental comprometido.

Quando enfrentamos desafios, podemos precisar de ajuda para nos perdoar bem como de alguém que nos ajude a voltar ao rumo. Não precisamos de um conselho apenas, ou de uma abordagem suave e confortável; precisamos mesmo é de alguém que nos possa ajudar a descobrir nossas histórias mentirosas e nos colocar de volta nos trilhos.

Pode ser difícil ter um amigo ou familiar que tenha esse preparo nesse momento. Por quê? Porque muitas vezes, quando você procura um treinador mental, provavelmente você está em um estágio de sua vida em que deseja mudanças. Quando você está passando por mudanças, muitas vezes os amigos não serão os mesmos que você teve depois de fazer as mudanças.

Um instrutor mental de responsabilidade pode levá-lo a lugares profundos dentro de você, nos quais você não conseguiria ir sozinho.

sincronicidale

Defina sua zona de conforto. Neste momento, minha zona de conforto é:

____

____

____

____

Que ação preciso realizar para sair da minha zona de conforto?

____

____

____

____

Qual será a vantagem de realizar essa ação? Se eu continuar a agir dessa forma, como será minha vida?

____

____

____

____

5
HISTÓRIAS MENTIROSAS

Sincronicidade
¡BUll SHit!

Na ilustração, estou demonstrando um gesto. Você sabe o que ele significa?

Quando eu tinha aproximadamente vinte anos, passei um período nos EUA. Fui o melhor de meu time de futebol e recebi um prêmio pelo desempenho. Quando o inverno chegou, experimentei neve pela primeira vez. Eu não queria praticar na neve porque era frio e desconfortável. Encontrei desculpas para não treinar durante aquele período. Inventei histórias sobre dores nos joelhos e as pessoas aceitaram minhas desculpas para não jogar. No entanto, um dos meus amigos, que era surdo, olhou para mim como se pudesse ver através das minhas desculpas. Durante o tempo em que faltava ao treino (devido ao clima desagradável), costumava ir para a sala de atendimento médico dos jogadores. Certa vez, quando entrei na sala, meu amigo surdo, estava lá; era como se ele estivesse esperando por mim.

Ele me olhou, apontou para mim e, com os lábios, gesticulou a palavra "você", depois fez o gesto que está na ilustração (uma mão gesticulando "os cornos de um touro" e a outra, a palavra "merda").

"Você = mentira." (Em inglês, a expressão *"bullshit"*, literalmente "merda de touro", é o termo coloquial comum para dizer "mentira")

Ele me disse que minhas histórias eram mentirosas e ele estava certo. Depois do inverno, comecei a treinar novamente, mas já não era mais o melhor do time.

Você conta a si mesmo histórias mentirosas sobre os motivos de não estar fazendo o que deveria?

Você não sai da sua zona de conforto porque sente medo; e depois de sentir medo, você usa como apoio histórias para justificá-lo. Chamamos isso de... histórias mentirosas!

O QUE É UMA HISTORINHA MENTIROSA ?

Somos todos narradores de nossas vidas. Todos temos histórias sobre como nossas vidas deveriam ser. Usamos histórias para nos ajudar a entender as coisas, mas o que acontece quando contamos a nós mesmos histórias que não são sustentáveis para a realidade que desejamos criar? Elas nos mantêm presos na situação em que já estamos. Presumimos que as circunstâncias da vida moldam nossas histórias. Esquecemos que, na verdade, é a maneira como narramos essas histórias que molda nossas vidas. Este é o perigo do poder das narrativas que contamos a nós mesmos. Elas irão fortalecê-lo, mantê-lo preso na situação em que se encontra ou, ainda, puxá-lo para baixo. Se você pode mudar sua história, pode mudar sua vida. Suas histórias são criadas pela maneira como você pensa sobre si mesmo, mas você já prestou atenção nas coisas que conta a si mesmo? Podemos ser muito maus em relação a nós mesmos, não é? Aposto que você não diz as coisas que diz a si mesmo para um amigo. Se o fizesse, provavelmente não seriam amigos. Nossas histórias são criadas a partir de nossas crenças; mas o que é uma crença? Uma crença é uma ideia que você pensa ser verdadeira sem precisar de prova. Trata-se de um pensamento que você repetiu tantas vezes que não o questiona mais. Ele pode servir a você de uma maneira boa ou negativa.

NOSSAS CRENÇAS CRIAM NOSSA HISTÓRIA

Quando eu estava na Suécia, certavez cozinhei um peixe usando a receita da minha mãe. Enquanto eu preparava o peixe, meu amigo começou a questionar meu método.

"Por que você está cortando o rabo do peixe?"

Ele disse que eu estava desperdiçando um bom pedaço de carne. Respondi que era assim que minha mãe sempre preparava peixes. Meu amigo ficou surpreso com o motivo do método e me incentivou a perguntar à minha mãe por que ela jogava fora o rabo do peixe.

Naquele dia, fiz uma vídeo-chamada para minha mãe visando descobrir por que ela cortava o rabo do peixe. Ela disse:

"Foi assim que vi minha mãe preparar peixes".

Pedi a ela que convidasse minha avó para a vídeo-chamada. Perguntamos por que ela costumava cortar o rabo do peixe. Ela ficou em silêncio enquanto pensava por um momento. Então ela respondeu:

"Não sei por que você faz isso - isso é loucura! Eu costumava fazer isso porque não tinha dinheiro para comprar um forno; por isso eu tinha que ir à casa dos vizinhos para pedir um forno emprestado, então lhes dava um pedaço de peixe como pagamento pelo empréstimo".

Eu e minha mãe estávamos repetindo um comportamento que não fazia mais sentido. Eu nunca questionei por que deveria cortar o rabo do peixe; apenas presumi que era a coisa certa a se fazer. Imagine quantos outros comportamentos e pensamentos copiados dos meus pais eu estava repetindo e que já não faziam mais sentido? Essa história nos ensina que herdamos comportamentos que não questionamos. Quais crenças, pensamentos e comportamentos você herdou?

VOCÊ ESTA CIENTE DE SUAS HISTORINHAS MENTIROSAS ?

Um dia, um homem foi a um circo com sua família. Dentro do circo, ele viu um elefante enorme e forte que obedecia às ordens de seu treinador. O homem perguntou ao treinador como ele havia domesticado um animal tão selvagem e enorme. O treinador respondeu que era fácil, e explicou que quando o elefante era um bebê, ele amarrou uma corda em volta de seu pescoço e prendeu a corda ao pé de um banco de madeira no quintal. O homem recuou um pouco, pensando que não parecia um método seguro. Ele exclamou com medo:

"Se o elefante ficar com raiva, ele pode facilmente se soltar da corda!"

O treinador tranquilizou o homem ao explicar:

"Você está certo, o elefante poderia facilmente se libertar agora, mas não se preocupe."

O treinador continuou a explicar:

"Quando o elefante era bebê, a corda era forte demais para ele. Ele tentou se libertar até cansar-se e decidir que não importava o quanto tentasse, ele nunca se libertaria".

O elefante provou a si mesmo que não conseguia se libertar; à medida que crescia, nunca questionou a crença. A mentira que o elefante estava contando a si mesmo era que a corda era mais forte do que ele, quando na verdade era a crença que segurava o elefante, não a corda.

Muitos de nós ainda acreditam em histórias que contamos a nós mesmos, mas elas não nos capacitam para construir a vida que desejamos. Então, o que acontece quando você se concentra em uma história mentirosa? Seu cérebro encontra evidências e as apresenta para corresponder à sua história. Como consequência, você sempre tem evidências para apoiar qualquer história em que decida acreditar. Imagine como seu cérebro se concentraria em criar evidências se você decidisse criar histórias mentirosas como:

"Sou um empresário ruim".

"Não sou um bom vendedor".

"Eu não mereço ter sucesso".

"Eu não sou adorável".

Quando você conta a si mesmo essas histórias mentirosas, duas coisas podem acontecer em sua vida.

1. Você perde o senso de sua responsabilidade. Você se torna uma vítima.

2. Quanto mais você conta a si mesmo uma história mentirosa, mais verdadeira ela se torna. Seu cérebro se concentrará em evidências que comprovem sua história.

Você se lembra da história dos amigos dentro do buraco de esgoto no Capítulo 4? Eles usaram desculpas e justificativas para validar sua decisão de permanecer em suas zonas de conforto.

Eles usaram frases como:

"Estou velho demais."

"O mercado está muito difícil."

"E se eu não for bom o suficiente?"

"Eu não sou adorável."

Eles usaram justificativas, desculpas e silêncio como motivos para permanecer em suas zonas de conforto. O que quer que você diga ao seu cérebro, ele interpretará como verdade. Sua mente até criará situações para provar que sua história é verdadeira. Você pode até se pegar conversando com outras pessoas com histórias semelhantes ou entrando em grupos que compartilham de suas histórias. Tudo isso reforça sua crença. Quando você tenta sair de sua zona de conforto, é desafiador por causa de todos os caminhos neurais que você criou em torno de sua história mentirosa.

QUAIS SÃO AS CARACTERÍSTICAS QUE O FAZEM FICAR NA SUA ZONA DE CONFORTO?

Eu identifiquei três; o mentiroso, o realista e o curinga.

O mentiroso

Um dos meus amigos adora música e seu sonho é se tornar um artista famoso. Um dia, eu estava andando pela rua e, de repente, encontrei com ele. Começamos a conversar, mas antes que eu tivesse a chance de perguntar qualquer coisa, ele explicou:

"Eu ainda não comecei a mostrar minhas músicas ou a mim mesmo como artista porque estou muito gordo e a mídia nunca aceitaria uma pessoa com esse corpo. É por isso que não estou fazendo nada agora. Estou fazendo dieta para me ajudar a perder peso, meu metabolismo é muito lento."

Quando ele falou isso, seu irmão, que o acompanhava naquele momento, olhou para mim e disse:

"Rapaz, isso é besteira. Ele é viciado em refrigerantes; bebe quatro garrafas por dia; não é o metabolismo dele!"

Meu amigo estava mentindo para justificar por que estava preso em sua zona de conforto. Culpar a mídia e seu metabolismo o fez se sentir menos culpado por ganhar peso. Ele estava se tornando uma vítima e, portanto, provavelmente não mudaria. Se era verdade que ele não conseguia perder peso, isso significava que ele não poderia se tornar um cantor famoso? Então não há cantores com sobrepeso no mundo? Por trás das histórias mentirosas, muitas vezes estão histórias de baixa autoestima, baixa confiança e medo do fracasso. A mentira que meu amigo contou o impedia de tentar.

Ao acreditar em nossas mentiras, encontramos conforto interno porque criamos justificativas falsas. Ao fazer isso, evitamos nos sentir culpados para que possamos enfrentar o *status quo*.

O realista

Eu costumava dizer a mim mesmo que não conseguiria criar um negócio de sucesso na Suécia (outra história mentirosa). O que quero dizer com este exemplo? É mais fácil ou mais difícil para um empresário estabelecer uma empresa em seu próprio país, ou em um novo país com um idioma diferente e uma cultura desconhecida? Isso pode depender de muitas coisas, é claro, mas no meu caso, era um fato. Ser reconhecido como uma pessoa de confiança na Escandinávia seria um desafio maior para mim do que se eu estivesse em meu próprio país. Mesmo que minha história mentirosa fosse real, isso só me ajudou a criar uma história enfraquecedora que justificasse o meu fracasso em vez do meu sucesso. Você se lembra do que nossas crenças criam? Elas criam um ciclo de ações ainda piores que as reforçam negativamente.

Tomei decisões com base na crença de que era imigrante e, portanto, não poderia me tornar um empresário de sucesso na Suécia; isso levou a resultados que retroalimentam essa crença. As verdadeiras histórias mentirosas nos fazem acusar outras pessoas ou condições e se tornam uma desculpa para não mudar a história.

O curinga

Você conhece um curinga? Tive uma cliente que não conseguia encontrar um relacionamento sustentável. Ela costumava brincar ao dizer que reconhecia um padrão em sua escolha de namorados.

"É sempre a mesma história! Sempre me apaixono por homens que preciso consertar. Acho que minha missão é salvar os homens! " - ela riu.

Usando piadas, essa pessoa evitou o problema real. Piadas justificavam o padrão e a impediam de investigar o problema real.

A única maneira de sair da sua zona de conforto é identificar as histórias mentirosas que você está contando a si mesmo. Para cada história que contamos a nós mesmos, nossas mentes encontrarão uma maneira de torná-la realidade. Histórias mentirosas são desculpas que usamos para evitar mudar de atitudes, hábitos e personalidade. Elas têm um grande poder sobre nós e nos impedem de viver a vida que desejamos. Já que você vai contar histórias para si mesmo, por que não escolher histórias estimulantes? Histórias estimulantes podem desafiar nosso ego e nossa autoimagem, o que pode fazer com que pareça que não somos bons o suficiente. Às vezes, não somos bons o suficiente para nos tornarmos o que queremos. Uma história mentirosa "nos protege" de um sofrimento a curto prazo. A longo prazo, no entanto, uma história mentirosa nos mantém iguais, e não nos permite melhorar as habilidades de que precisamos para nos tornarmos quem queremos ser. O desenvolvimento pessoal nos ajuda a fazer escolhas e nos encoraja a não ser vítimas de nossos velhos hábitos e comportamentos. Ao transformar nossa velha história em algo fortalecedor, podemos criar novos caminhos neurais, que nos permitirão sair da zona de conforto. Se sua velha história surgir, agora você pode fazer uma nova escolha.

COMO IDENTIFICAR SUA HISTORINHA DE MERDA

Como humanos, criamos nossa identidade de acordo com quem acreditamos que somos. Sem uma identidade, estaríamos perdidos. Mas como criamos nossa identidade? Aprendemos crenças sobre nós mesmos e sobre o mundo dos nossos cuidadores. São pensamentos sobre quem somos, o que somos capazes de fazer e como o mundo funciona. Juntos, eles resultam na criação de nossa personalidade. Continuamos a recriar nossa personalidade, repetindo histórias sobre nós mesmos que reforçam a crença que adquirimos quando somos jovens. A partir das histórias que repetidamente contamos a nós mesmos e aos outros, criamos nossa realidade e nossos resultados. A questão é que algumas histórias nos fortalecem e outras nos enfraquecem. O bom é que sempre podemos reescrever nossas histórias para que possamos viver a vida que desejamos. O primeiro passo para reescrever sua história é identificar sua própria história mentirosa. Vamos identificá-la agora.

Primeira etapa - Visão geral de sua vida

Ao identificar o quão satisfeito você está em todas as áreas de sua vida, você pode identificar mais facilmente a área em que não está prosperando por causa de uma história mentirosa. Faça o teste simples abaixo selecionando o número que representará o seu nível de satisfação em cada área de sua vida. De 0 a 10: 1 (sendo muito insatisfeito) e 10 (totalmente satisfeito),

Quão satisfeito você está com sua saúde?
De 0 a 10: __

Com seu(sua) parceiro/a?
De 0 a 10: __

Amigos?
De 0 a 10: __

Família?
De 0 a 10: __

Crescimento pessoal:
De 0–10: __

Diversão e lazer:
De 0–10: __

Situação financeira:
De 0–10: __

Carreira:
De 0–10: __

Ambiente doméstico:
De 0–10: __

Agora, olhe para sua pontuação e escolha uma área que você gostaria de melhorar.

A área que eu gostaria de melhorar é:

____

____

____

____

O que está impedindo você de aumentar o número que você atribuiu a si mesmo para sua satisfação nessa área?

____

____

____

____

Que consequências negativas você já experimentou como resultado dessa crença?

____

____

____

____

Segunda etapa - identifique sua história mentirosa

Identifique o que está impedindo você na área que você gostaria de melhorar. Quanto mais profundas forem as suas respostas, maior será o efeito que esses exercícios terão sobre você. Agora você vai escrever sua história mentirosa. Primeiro, vou contar uma história mentirosa em que eu costumava acreditar:

Eu acreditava que não poderia tornar-me um palestrante na Suécia

porque...

como um imigrante, as pessoas não confiam em mim. Eles acham que eu vim de um país em desenvolvimento e, portanto, não tinha valor no mercado.

Agora é sua vez! Complete as seguintes frases.

Minha Historinha mentirosa é que eu não posso ...

____

____

____

____

porque...

____

____

____

____

Agora, você vai reescrever sua história mentirosa de uma forma encorajadora e fortalecedora. Lembre-se de que você tem que ACREDITAR na nova história se quiser alcançar o efeito desejado. Este não é apenas um exercício; esta é a sua nova história que você está instalando dentro do seu sistema de crenças. Seu cérebro pode desafiá-la, dizendo coisas como "Isso é ridículo", ou você pode começar a ficar com preguiça de criar uma nova realidade. Você deve resistir a essa tentação e escrever sua nova história agora.

O resultado da minha nova história é que sou um palestrante internacional, tenho estudado com os melhores do mundo e minhas diferenças são o que me tornam único no mercado. Todos os desafios me fizeram ser o melhor no mercado.

Agora é sua vez!

Minha nova história é...

____

____

____

____

porque...

____

____

____

____

Conte a si mesmo a história mentirosa na frente de um espelho. Ao fazer isso, se dê um tapa na cara (o mais forte que puder). Concentre-se na dor; é um reflexo físico do sofrimento que você está experimentando quando conta a si mesmo essa história mentirosa. Conte sua história mentirosa em voz alta enquanto continua a se concentrar na dor:

Minha Historinha mentirosa é...

...porque...

BATA NO SEU ROSTO!

Repita isso três vezes. Ao ancorar sua dor na história mentirosa, seu cérebro não irá mais basear automaticamente suas decisões neste pensamento e, em vez disso, lhe dará tempo para escolher sua nova história. Sua tarefa agora é se convencer a acreditar na nova história. Conte sua nova história enquanto beija a palma da sua mão:

Minha nova história é....

...porque...

DÊ TRÊS BEIJOS EM SUA MÃO!

Repita a nova história três vezes com os beijos.

COMO INSTALAR SUA NOVA HISTÓRIA EM SEU PROGRAMA MENTAL

De acordo com o Dr. Joe Dispenza, temos de 60.000 a 70.000 pensamentos em um dia. Noventa por cento deles são os mesmos pensamentos do dia anterior, o que significa que seu futuro não mudará muito. Seus pensamentos conduzem às suas escolhas. Se você tiver os mesmos pensamentos, suas escolhas serão as mesmas e levarão aos mesmos comportamentos. Os mesmos comportamentos criam as mesmas experiências e as mesmas experiências produzem as mesmas emoções, e essas emoções conduzem aos mesmos pensamentos. Este ciclo é a sua personalidade.

Sua velha história está dentro de seus pensamentos. Você tem que pensar repetidamente sobre sua nova história e acreditar nela para ser capaz de implementá-la como sua crença padrão. Para que você implemente sua nova história como sua crença padrão, primeiro você precisa acreditar que essa nova história é possível; uma vez que você tenha aceitado que ela é possível, repita-a, repita-a e repita-a. Cada vez que você reconhece um pensamento que corresponde à sua velha história, você tem a opção de escolher sua nova história. Quanto mais você conseguir escolhê-la, mais prontamente disponível ela estará em sua mente. Você precisará começar a tomar consciência e a observar seus pensamentos inconscientes. A consciência é viver por escolha no momento presente. É viver o aqui e agora. Embora a inconsciência esteja programando hábitos do passado, você precisará prestar atenção aos seus hábitos e comportamentos automáticos e modificar aqueles que estão gerando resultados negativos. A maioria das pessoas tenta criar uma nova realidade pessoal usando a mesma personalidade, mas isso não funcionará.

Você precisa desenvolver uma personalidade que corresponda aos seus desejos na vida. Você deve levar a sério as histórias que conta a si mesmo. Você precisa conhecer o poder das histórias que conta a si mesmo. Se você perceber que o piloto automático está enviando pensamentos sobre sua velha história prejudicial, você precisa repetir conscientemente a nova história 10 vezes. A repetição é a mãe e o pai de seu novo comportamento.

Repita sua nova história agora!

6
CONSISTÊNCIA

Depois de ler o capítulo anterior, agora você deve entender como sua história mentirosa pode forçá-lo a ficar dentro de sua zona de conforto. Agora é hora de usar sua nova história para agir e fazer grandes mudanças. Em um estado mental elevado, você pode tomar melhores decisões e realizar ações de forma mais eficaz; é por isso que sua forma de pensar vem em primeiro lugar. Se você já se sente animado com relação ao seu propósito e está ansioso para começar, pare de ler e entre em ação! Se você tropeçar em algum obstáculo, volte e continue lendo este capítulo.

Com consistência, você será capaz de criar a vida que deseja. Vou te dar um exemplo de consistência. Digamos que você queira iniciar um negócio. Você identificou sua verdadeira paixão e saiu da sua zona de conforto para abrir sua empresa. Você posta nas redes sociais que finalmente começou seu negócio e as pessoas começam a parabenizá-lo. Você continua postando, mas depois de um tempo, as pessoas param de curtir suas postagens e agora você começa a duvidar de si mesmo. De repente, o elevado estado mental em que você estava quando iniciou sua empresa começa a esfriar. Você permite que respostas externas mudem seu estado e, eventualmente, você desiste. Para superar esse desafio e se tornar consistente, você precisa de duas ferramentas: consciência e inteligência emocional.

VICIADO EM CONTRACHEQUE

Uma de minhas clientes foi empregada por muitos anos, até que decidiu abrir seu próprio negócio. Inicialmente ela conseguiu alguns fregueses, mas, depois de um tempo, sentiu que não tinha o apoio que precisava para continuar. Perguntei há quanto tempo ela estava empreendendo e ela me disse três anos. Perguntei há quanto tempo ela trabalhava como funcionária antes disso. Ela disse que esteve empregada por mais de vinte anos. Eu lhe disse que ela ficou viciada em receber um salário mensal. Por vinte anos, ela praticou ser uma trabalhadora. Agora, precisava sustentar-se e treinar para para ser paga pelos resultados, em vez de ser paga pelo seu tempo. Foi como seu primeiro "nocaute". Perguntei quantos nocautes ela achava que seriam necessários para se tornar uma campeã. Agora, ela precisava dominar sua forma de pensar. Precisava ser gentil consigo mesma e entender que uma crença em si, dentro de um novo contexto, não é algo que nasce pronto. Ela precisaria construir essa confiança.

Imagine quanto treino é necessário para poder competir numa Olimpíada de boxe. Você acha que pode competir só porque se sente confiante? Não. Você precisa treinar até ter certeza de que tem o que é preciso.

Você já transformou sua história mentirosa em uma história poderosa, mas agora você precisa levar sua forma de pensar para a academia. Depois do primeiro dia de malhação, ao se olhar no espelho, você não verá os resultados. E no dia seguinte, acha que haverá alguma mudança? Não. Muitas vezes pensamos que não mudamos porque não podemos ver resultados imediatos, então desistimos. O mesmo se aplica ao seu negócio. Você pode tentar vender coisas e as pessoas podem acabar dizendo "não!" muitas vezes. Então, você diz para si mesmo:

"Não está funcionando. Não estou obtendo nenhum resultado."

Mas isso não é verdade. Os resultados que você deseja virão com consistência e os ajustes que você fizer.

Entendendo a consistência

Um dia, uma mulher decidiu fazer uma caminhada na floresta. No meio do caminho, ela viu uma pedra enorme, maior do que ela. Enquanto admirava o tamanho da rocha, ela percebeu um som de batida e olhou em volta para ver de onde vinha o som. Atrás da rocha, um homem tentava quebrá-la com um pequeno martelo. Ela olhou para ele, mas ele não pareceu notá-la, então ela continuou sua jornada.

Uma semana depois, ela voltou ao caminho e a enorme pedra ainda estava lá. O homem ainda estava tentando quebrá-la. Desta vez, sua curiosidade venceu e ela perguntou ao homem o que ele estava fazendo.

- Eu tenho uma loja aqui atrás, mas a maioria das pessoas que passa não a vê por causa dessa pedra enorme. Como a rocha é muito pesada para ser levantada e retirada, estou dividindo-a em duas.

- Há quanto tempo você está batendo com o martelo?

- Já faz quase um mês, respondeu o homem.

A mulher investigou a rocha, mas não conseguiu encontrar uma única rachadura ou sinal de que a rocha estava prestes a se partir. Ela pensou em dizer algo, mas imaginou que ele provavelmente desistiria logo de qualquer maneira. Ela se despediu e continuou sua caminhada.

Um mês depois, a mulher estava de volta ao caminho e a pedra ainda estava lá. Desta vez, ela não conseguiu ver o homem, então pensou consigo mesma: "Finalmente, ele desistiu dessa ideia maluca!" Mas quando começou a se afastar, ela viu o homem caminhando em direção à rocha novamente com seu pequeno martelo. Ela se virou para ele e disse:

- Ei, acho que você está perdendo tempo. Você está tentando dividir essa rocha há meses e ainda não há uma única rachadura.

O homem riu e continuou martelando a pedra. A mulher se virou irritada e começou a se afastar quando, de repente, ouviu um barulho alto. Quando ela se virou, viu que a rocha havia se quebrado em dois pedaços.

A mulher voltou correndo e disse:

- Você conseguiu desta vez! O que você fez de diferente? Você usou outro tipo de martelo?

- Eu não fiz nada diferente. O progresso pode ter sido lento e os resultados invisíveis, mas isso não significa que não estava funcionando.

Essa história nos ensina que podemos não ver nenhuma mudança por um longo tempo, mas, eventualmente, a consistência cria mudanças.

Você escova seus dentes? Suponho que você não escova os dentes apenas uma vez por ano durante oito horas. Seus dentes provavelmente cairiam com esse tipo de escovação e você diria:

"Talvez escovar os dentes não seja para mim".

Para obter os resultados desejados, você precisa escovar pelo menos três vezes ao dia, por dois minutos. Você não verá novos resultados após a primeira vez; somente depois de escovar os dentes de forma consistente você será capaz de olhar para trás e perceber que a consistência de sua escovação é o que tornou seus dentes saudáveis. Esta é a parte complicada da consistência. Você só notará resultados a longo prazo.

Frequentemente, julgamos fracasso versus sucesso como uma situação específica e aleatória que acontece em nossas vidas. A verdade é que o fracasso e o sucesso não são aleatórios; são uma combinação do que você tem pensado, feito ou não em relação ao seu sonho. Se você fracassa em seu negócio, é porque está dando pequenos passos fracassados até que, um dia, algo maior acontece que o faz fechar seu negócio. Nossas falhas são compostas por pequenos passos, como não desenvolver nossas habilidades de comunicação, não acompanhar nossas prioridades, não fazer ligações, não organizar nossos horários, não traçar um plano claro ou não segui-lo. O nosso sucesso consiste em pequenos passos para o sucesso: ser consistente com as nossas prioridades, acompanhar os nossos clientes, executar nosso plano de marketing e continuar a nos desenvolver. Muitas vezes, a consistência é uma mistura de pequenos passos mal dados, ajustes e sucesso. Não existe sucesso da noite para o dia; aqueles que alcançam o sucesso acumulam pequenos passos de sucesso todos os dias até que, um dia, seu sucesso se torna visível para os outros.

"O sucesso consiste em ir de um fracasso a outro sem perda de entusiasmo."
- Winston Churchill

CONSISTÊNCIA PERFEITA

Você também precisará investigar por que falha. Você é bom em alguma coisa, mas está preocupado com o que as outras pessoas pensam de você? Você já fez tudo que podia para realizar suas vendas? Se você não se preocupa com os outros e já tentou de tudo, você deve avaliar seu conjunto de habilidades. Você precisa estudar ou encontrar um mentor para ajudá-lo a melhorar? Com qual forma de pensar você está operando?

Ou você tem medo de falhar ou de ser "nocauteado"? Você já falhou ou está preso no status quo por seguir em sua zona de conforto? Sempre que você enfrentar uma escolha, pergunte-se como pode assumir mais riscos nessa situação. A prática não gera necessariamente os resultados desejados, a menos que seja uma prática correta.

De acordo com o Dicionário Cambridge, consistência significa "sempre se comportar ou agir de maneira semelhante, ou de algo sempre acontecer de maneira semelhante".

Não seja consistente em bater sua cabeça contra a parede; em vez disso, realize uma prática consistente e correta.

Pequenas ações consistentes levam a mudanças expressivas. Eu queria me tornar um palestrante na Suécia. O único desafio que tive foi que não falava sueco muito bem. Ninguém me convidou para palestrar, então tive que criar um evento sozinho. Criei eventos gratuitos e passei um tempo praticando meus conteúdos, criando apresentações e me promovendo. Para minha primeira palestra, cerca de oito pessoas compareceram. Organizar os eventos custou tempo, energia e dinheiro, mas não gerou nenhuma receita a curto prazo. Você se lembra quando comparei propósito com uma semente no início deste livro?

Bem, eu sabia que essa analogia referia-se a plantar minha semente e cultivá-la. Não esperava que a semente me desse frutos assim que a plantei. Eu esperava o oposto. A semente me custou algo antes de me dar frutos. Eu me esforcei para falar para oito pessoas na plateia tanto quanto me esforço hoje ao falar para 500. Adoro ter a oportunidade de praticar minhas habilidades orais. No início, eu só conseguia me lembrar de um discurso de 15 minutos, então convidava outros palestrantes locais para dividir o palco comigo, para que o tempo pudesse ser preenchido.

Pense no que você quer e pergunte a si mesmo o que é preciso para conseguir o que deseja. Você vai gostar do processo de se tornar a pessoa que precisa ser para conseguir o que deseja? Se eu tivesse esperado que alguém me convidasse para falar, ainda estaria esperando. Eu precisava fazer o trabalho sozinho; eu precisava acreditar e investir em mim mesmo para me tornar a pessoa que desejava ser. Um dia, provaria os frutos da minha semente. Continuei a me apresentar nesses eventos de forma consistente por dois anos e então, de repente, percebi que poderia palestrar por uma hora inteira sozinho e, a partir daí, meu público começou a crescer! Nesse momento, minha parceira de negócios e eu decidimos levar os eventos a um novo patamar e começamos a cobrar pelos ingressos. Lembro-me de ter sentido medo de cobrar pelas entradas. No entanto, não vale a pena jogar o jogo sem riscos. O risco aqui era vencer ou fracassar.

"E se ninguém comprar ingressos?"

Minha equipe e eu temíamos que ninguém aparecesse. No entanto, o problema não era se as pessoas compareceriam ou não, o problema era que, se permitíssemos que o medo nos fizesse congelar, acabaríamos desistindo.

Se escolhemos seguir o caminho voltado a um propósito, nossa automotivação nos fará superar os medos. Nesse caso, eu precisava mudar o foco, então comecei a mudar minha linguagem - meu diálogo interno.

"Eu sei do meu valor. Se as pessoas não vierem, são elas que perderão a oportunidade."

Quando sua mente quer afastá-lo de sua direção, você deve aplicar inteligência emocional. Você deve elevar seu estado psíquico e tomar medidas significativas. Se você fizer algo diferente e tentar coisas novas, eventualmente, sua autoestima vai voltar. Ação é o remédio. Minha parceira de negócios e eu continuamos com nosso propósito de fé, ação e consistência. Conseguimos preencher nosso primeiro evento que tinha duração de 4 horas com um público pagante de cerca de 80 pessoas. Decidimos fazer de novo, mas desta vez oferecemos um dia inteiro e aumentamos o preço dos ingressos. Fizemos isso várias vezes e começamos a organizar eventos em outros países como Chipre, Portugal e Brasil. Lembre-se, no início, eu só conseguia palestrar por cinco minutos, mas agora sou capaz de manter dias inteiros de palestra motivacional internacionalmente (e no meu segundo idioma). O objetivo aqui é demonstrar quão poderoso é o efeito composto quando aplicamos a lei da consistência. Nunca devemos subestimar o poder de uma ação pequena e correta que é executada de forma consistente. O efeito composto é uma das forças mais poderosas do universo. Quando você o põe para funcionar, causa ondas positivas que continuarão por toda a sua vida.

Com o tempo, pequenas escolhas consistentes praticadas todos os dias levam a resultados exponenciais que podem ser aplicados em qualquer área de sua vida - saúde, riqueza ou relacionamentos. Essas pequenas escolhas diárias são fáceis de fazer, mas também são muito fáceis de ignorar ou esquecer. Quantas vezes você já disse que vai começar uma nova rotina? Talvez uma nova rotina de criar episódios regulares de *podcast* ou fazer ligações de *follow-up*? Quantas vezes você prometeu escrever um livro assim que "tiver mais tempo?" No entanto, "mais tempo" parece ser amanhã, no próximo mês ou mesmo no próximo ano. Nossos cérebros superestimam quanto tempo e quanto esforço pequenas ações consistentes podem exigir e, por causa disso, nós procrastinamos e adiamos. Pare de procurar uma solução rápida para o sucesso, felicidade e riqueza! Isso não existe! Você caminhará por uma estrada cheia de eventos trabalhosos, desinteressantes, frustrantes, desafiadores (e nada atraentes) para alcançar o sucesso. Você nunca poderá possuir o sucesso, você só poderá alugá-lo e ainda terá que pagar pelo aluguel todo santo dia...

Escreva agora um novo resultado que você alcançará.

____
____
____
____

Que pequena ação consistente você fará para começar a se mover em direção ao seu resultado?

____
____
____
____

A iniciativa acima o ajudará a criar um impulso para alcançar o sucesso.

POR QUANTO TEMPO DEVO SER CONSISTENTE?

A resposta é: para sempre! Você sempre precisará ser consistente! É como ir à academia; é para sempre. Se você alguma vez parou de se exercitar por certos períodos de tempo, pode achar difícil voltar à sua rotina de exercícios. Você pode nem mesmo entender como teve tempo para malhar; ao mesmo tempo, se você se exercita regularmente, é difícil imaginar uma vida sem mover o corpo.

Quando comecei a aprender a tocar violão, praticava todos os dias por quarenta minutos. Foi uma experiência dolorosa, tanto fisicamente para meus dedos nas cordas, mas também mentalmente - sentar e praticar sem ver nenhum progresso. Pratiquei consistentemente por um ano e então percebi que podia tocar muitos acordes diferentes. Depois, comecei a usar minha voz. Depois de um tempo, criei um repertório de músicas e comecei a me apresentar em eventos, festas, para minha família e amigos. Nessa época, eu tinha aprendido cerca de vinte canções. Após um tempo, comecei a compor músicas e a seguir gravei minhas músicas e criei um álbum.

No começo, tocava todos os dias, mas aos poucos parei de praticar as primeiras músicas que aprendi. Anos se passaram e, um dia, fui a um evento e as pessoas me pediram para tocá-las, eu tinha certeza de que me lembrava delas, mas quando tentei, fiquei chocado ao descobrir que havia esquecido os acordes. Isso aconteceu porque eu não continuei praticando essas músicas de forma consistente.

Por que estou contando essa história? No processo de sair de sua zona de conforto e criar os resultados que deseja, você precisa entender e aplicar a lei da consistência. Se não aplicar consistência, você se verá em uma corrida desenfreada, na qual começará a fazer o que deseja, mas depois desistirá e terá que começar tudo de novo. Isso pode lhe dar a sensação de que está avançando, especialmente se não está ciente de seu propósito, mas descobrirá, a longo prazo, que você não foi para a frente... você apenas mudou. Precisamos aplicar consistência perfeita por um período de tempo indefinido.

AMOR-PRÓPRIO

Somos todo-poderosos, mas na maioria das vezes só usamos nosso poder quando somos forçados a fazê-lo. A maioria das pessoas trabalha intensamente quando é paga para isso, mas nunca farão a mesma coisa por si mesmas. Aprendi essa lição quando estava trabalhando na equipe de Tony Robbins em seu evento *Business Mastery*, em Miami. Tive que trabalhar 20 horas por dia, sete dias seguidos. Todas as manhãs, após três ou quatro horas de sono, tínhamos que participar de uma rotina de preparação. Fazíamos 30 flexões, agachamentos, *burpees* e exercícios respiratórios. No primeiro dia, fiquei tão entusiasmado, que não senti as longas horas. A partir do segundo dia, meu corpo estava cansado. Eu precisava superar essa sensação porque estava comprometido com o trabalho. A maior recompensa por todo esse trabalho árduo foi o privilégio de receber o treinamento da equipe de Tony Robbins. Durante essas sessões de *coaching*, fiz uma descoberta. Surgiu de uma simples pergunta:

Quando foi que você trabalhou com tanto comprometimento para conseguir algo para você mesmo?

Essa pergunta simples teve um grande impacto na minha vida porque a resposta foi NUNCA! Nunca tinha trabalhado tão duro para meus projetos ou dormido tão pouco como quando fazia parte da equipe de Tony Robbins. Eu me perguntei por que eu nunca tinha me empenhado tanto comigo mesmo e com meus sonhos. Concluí que era uma questão de amor-próprio, padrões elevados e inteligência emocional. Era hora de mudar.

MUDE SUA PERSONALIDADE

Quando você decidiu que é a pessoa que é?

> "O mundo que criamos, como resultado do nível de pensamento que temos feito até agora, cria problemas que não podemos resolver no mesmo nível de pensamento em que os criamos."
> - Albert Einstein

Se você quer um resultado diferente do que tem hoje, então você deve mudar sua personalidade. Nosso ego é nossa autoimagem e muitas vezes está ligado à nossa personalidade. Quando sentimos que devemos mudar nossa personalidade para obter os resultados que desejamos, sentimos como se nosso ego fosse diminuir e então relutamos em nos tornar essa nova pessoa. Isso pode fazer você pensar: "Não sou bom o suficiente como sou?"

Se o resultado não corresponder ao que você deseja, é necessário fazer uma alteração.

A CONSISTÊNCIA EXIGIRÁ NOVOS HÁBITOS

No processo de escrever este livro, enfrentei enormes desafios e percebi que não seria capaz de manter meus velhos hábitos. Eu havia estabelecido um prazo para quando queria terminar este livro, mas o perdi. Minha personalidade só poderia produzir os resultados que eu já estava acostumado a atingir; para chegar a uma nova visão, tive que fazer mudanças.

> "Seu nível de sucesso raramente excederá seu nível de desenvolvimento pessoal porque o sucesso é algo que você atrai pela pessoa que se torna."
> - Jim Rohn

Comecei a analisar meus comportamentos para avaliar os resultados obtidos. Analisei meus rituais de vida diária e percebi que tinha o hábito de ingerir bebida alcoólica quase todo fim de semana. Esse comportamento influenciava negativamente minha produtividade, minhas finanças e minha saúde mental e física. Decidi me abster de álcool por um mês. Depois disso, me senti fortalecido porque não estava seguindo a multidão e continuava comprometido com as promessas que havia feito para mim mesmo. Eu me senti um vencedor. Eu me comprometi e parei de beber por três meses para terminar o livro. Depois que criei esse novo hábito, passei a beber apenas socialmente.

Cada novo nível que nos esforçamos para atingir exigirá uma nova personalidade; se não mudarmos, ficaremos presos e, eventualmente, desistiremos. Nossas rotinas criam nossa realidade. Só VOCÊ pode decidir qual hábito atende aos resultados desejados e qual hábito precisa ser ajustado para obter seus resultados desejados.

Quais são seus hábitos durante a semana e finais de semana? Que tipo de personalidade você está criando com cada um de seus hábitos, rituais e rotinas? Qual delas está lhe dando satisfação temporária, mas não o resultado que você deseja a longo prazo? Nem sempre é óbvio quais hábitos temos, porque os executamos automaticamente. Portanto, reserve um tempo para mapeá-los. Para ajudá-lo a se tornar mais consciente de seus hábitos, rituais e rotinas, mantenha um diário e anote o que você está fazendo e o(s) resultado(s) de cada dia. Faça isso por duas semanas ou até obter uma visão geral do que eles estão gerando. Se você mora com alguém que fica feliz em ser honesto com você, pergunte quais são seus hábitos. Se você não quer saber a verdade, não adianta trabalhar no seu desenvolvimento pessoal.

O que você pode fazer para alcançar seu objetivo, e não está fazendo?

INTELIGÊNCIA EMOCIONAL

Vejamos como mudei passo a passo meus hábitos negativos. Isso pode ajudá-lo a mudar o seu.

A ARTE DE SE RESSIGNIFICAR

Por que você age ou faz escolhas? Eu bebia para relaxar. Eu ansiava por uma bebida alcoólica quando me visualizava dançando, me divertindo e interagindo com as pessoas - posso até sentir minha mente relaxar só de pensar em tomar uma cerveja ou um copo de vinho.

Para mudar esse hábito, eu precisava me concentrar no que poderia ganhar por não beber. Eu precisava mudar meu foco e ressignificar meu comportamento, então comecei a me concentrar no que eu alcançaria se não bebesse. Qual poderia ser o novo significado por NÃO beber álcool? Em vez de visualizar todos os benefícios que a bebida me traria, comecei a visualizar como o livro me ajudaria a continuar em meu caminho voltado a um propósito. Eu visualizei estar orgulhoso de mim mesmo. Imaginei meus sonhos se tornando realidade. Visualizei como acordaria no dia seguinte cheio de energia, em vez de uma ressaca. Imaginei o que poderia produzir no dia seguinte. Imaginei como iria investir o dinheiro que economizei por não beber. Eu projetei no futuro como me sentiria atingindo esses resultados.

Você deve analisar as circunstâncias que desencadeiam seus hábitos indesejados. Sempre que permitimos que a mídia ou amigos e familiares direcionem nosso foco, tomamos decisões que geralmente significam que permaneceremos os mesmos. Precisamos estar cientes de qual estado mental estamos operando. Se estiver no piloto automático, você repete o programa antigo. Sua capacidade de mudar seu estado mudará seu foco e diálogo interno.

Qual é o seu pior hábito agora? Como será sua vida e como será se você continuar com esse hábito daqui a dez anos?

____

____

____

____

Ressignificação: concentre-se nos benefícios que seu novo hábito trará.

____

____

____

____

Como seria a sua vida se você implementasse esse novo hábito daqui a dez anos?

____

____

____

____

UM NOVO MANTRA

O significado que você está dando ao seu novo comportamento criará um mantra em sua cabeça. Por exemplo, se você decidiu que precisa se tornar mais organizado para alcançar os resultados desejados, mas nunca organiza sua papelada porque acha que é uma tarefa enfadonha, que novo significado você pode dar a ela? Em vez de dizer que odeia organizar sua papelada, você poderia dizer a si mesmo:

Estou criando um espaço limpo para algo novo. Eu estou avançando. Sinto orgulho de mim mesmo quando organizo minha papelada. Isso significa que cuido das minhas escolhas. Organizar minha papelada significa que estou no controle de minhas finanças.

As duas palavras mais importantes em seu mantra devem ser "Eu sou...". Quando você usa essas palavras, está reproduzindo seu programa ou criando a realidade desejada. Usar a linguagem é como você se comunica consigo mesmo - seu diálogo interno. Quando você muda seus hábitos, precisa escolher uma linguagem que apoie a razão por trás de seu foco no novo hábito. Meu mantra tornou-se:

Eu sou o dono da minha mente.

Posso escolher conscientemente quando bebo álcool.

Sinto-me jovem e saudável sem álcool.

Sou mais produtivo sem o hábito de beber.

Eu sou independente.

Posso ser sociável sem álcool.

Qual é o seu novo significado ou mantra para o seu novo comportamento?

1. ____

2. ____

3. ____

4. ____

5. ____

FISIOLOGIA

Havia muitas "situações" que poderiam facilmente me levar de volta ao meu antigo hábito. Por exemplo, se eu tivesse um convite para um evento, me sentiria mais incluído bebendo e comemorando, ou poderia beber para relaxar a mente. Como eu poderia superar esses desejos arraigados em minha personalidade?

Fui convidado para um evento e o anfitrião me deu uma taça de champanhe. Teria sido fácil reagir ao gesto amigável bebendo champanhe e justificando meu comportamento sendo educado. No entanto, peguei a taça e agradeci ao anfitrião, mas não bebi o champanhe. Troquei o champanhe por uma bebida não alcoólica. Segurar um copo na mão enganou meu corpo fazendo-o sentir o mesmo benefício de beber álcool, mesmo que eu não estivesse. Aposto que você está familiarizado com o efeito placebo. No meu caso, o efeito fisiológico de segurar uma bebida não alcoólica enganou a química do meu corpo para criar efeitos semelhantes aos que o álcool me dava - uma sensação de relaxamento e abertura. No entanto, como não era álcool, não senti os efeitos colaterais negativos que o álcool geralmente causava.

Se você seguir acreditando que precisa do seu hábito negativo, mude seu estado mental por meio de atividades físicas que envolvam movimento. Isso aumentará sua sensação de fortalecimento. O movimento gera emoções. É tão simples que frequentemente descartamos a importância de nossos movimentos e posturas corporais. A mudança da fisiologia afeta nossas emoções. Sempre que você desejar seu hábito negativo, pense em como você pode usar sua fisiologia para mudar seu estado mental. Como você pode facilitar a escolha de seu novo hábito? Os exemplos podem incluir: meditar por quinze minutos, mudar sua postura, correr ou nadar, tirar uma soneca, dançar, ouvir música ou mudar a maneira como você respira.

Quando anseio por meu hábito negativo, usarei meu corpo da seguinte maneira:

____

____

____

____

5 MÉTODOS PARA PERMANECER CONSISTENTE

1

Qualquer hábito que você decidir irá gerar um resultado desejado.

Concentre-se no motivo pelo qual decidiu mudar seus hábitos. Por que você decidiu se organizar de forma diferente? Por que você começou a meditar, malhar ou vender seus serviços?

2

Reduza temporariamente o seu foco no novo hábito que deseja instalar. Evite focar em muitas coisas ao mesmo tempo, pois isso tornará mais difícil ser consistente. Quando escrevi este livro, não gostei de parar outras atividades para sentar e escrever. Meu cérebro gosta de ação rápida e escrever parecia muito lento; no entanto, eu queria incorporar o hábito de escrever. Parei de me concentrar nos problemas cotidianos e usei essa energia e tempo para escrever. Não gostei no começo, mas me lembrei por que estava fazendo isso e, quando me tornei consistente, ganhei impulso. Depois que me forcei a implementar meus novos hábitos, ganhei impulso e fluxo e, finalmente, meu cérebro começou a gostar de escrever. Eu disse que você experimentará automotivação em sua estrada voltada a um propósito, e você irá. No entanto, precisamos usar a força de vontade para mudar nossos hábitos e nossa programação mental.

3

Construa sua vida inteira em torno disso! Por exemplo, se você está escrevendo um livro, monte sua programação em torno disso. Não altere os horários de escrita programados dizendo que há algo "mais importante" ou porque algo é "urgente". Você precisa ir em frente para se tornar consistente antes de passar para outros alvos.

4

Ignore os pensamentos que dizem para você ficar como está. Seu cérebro dirá: "Não estou com vontade de fazer isso!" Posso GARANTIR que você ouvirá essa voz. Treine-se para ignorar essa voz e aprenda como envolver seu cérebro. Quando você ativa seu cérebro, você obtém impulso e a consistência vem naturalmente.

5

O que o torna um vencedor?

Não seja muito duro consigo mesmo. Se você perder um dia, não se culpe por isso. Você não trataria um amigo assim, não é? Se isso acontecer, levante-se e volte para ao seu caminho para não perder o ímpeto. Às vezes somos muito duros com nós mesmos.

Quando saímos da nossa zona de conforto, queremos alcançar os resultados desejados imediatamente. Não levamos em consideração que não tivemos tempo para construir nossa força mental e/ou física. É normal que você se sinta inseguro ao sair de sua zona de conforto pela primeira vez, mas depois de alguns empurrões, você irá começar a se sentir mais pronto para o novo terreno em que está pisando.

7
AUTOCOMPROMETIMENTO

A tríade: Propósito + Ação + Consistência é uma estratégia para alcançar a vida que você deseja. Propósito, ação e consistência exigem autocomprometimento!

Você consegue manter uma promessa quando se sente desconfortável com ela? Você consegue manter uma promessa quando você não quer se comprometer em mantê-la?

Primeiro, você precisa ter uma visão com a qual possa se comprometer.

Eu estava andando de bicicleta em uma rua de Malmo, Suécia, quando parei no sinal vermelho. Enquanto esperava, conheci um brasileiro que já morava por lá, antes de mim. Paramos para conversar. Ele disse que estava drogado e que acompanhava minha jornada desde que cheguei. Eu o admirei pelo fato de que ele teve a coragem de falar honestamente. Ele havia sido um jogador de futebol de sucesso, quando era mais jovem. O cara tinha um potencial tremendo, mas sua direção mudou quando ele parou de treinar e ficou viciado em drogas. Ele me contou que foi o primeiro a me criticar quando cheguei na Suécia com o cabelo estilo rastafári e jogando capoeira na rua.

Ele me disse: "Sempre pensei que você seria apenas mais um imigrante brasileiro e não fui só eu que pensei isso. Muitos brasileiros que moram aqui falavam mal de você e se perguntavam porque você escolheu fazer as coisas que fez. Principalmente porque você vinha de família de classe média no Brasil."

Eu lhe disse que. estava passando por um processo de autodescoberta e que, às vezes, durante esse processo, comportamentos anormais podiam acontecer. Se você desafia a lógica dos paradigmas da sociedade normal, as pessoas o julgam, mas se você está ciente do processo interno que está enfrentando porque está optando por conhecer mais sobre seu verdadeiro eu, isso não tem preço.

Ele respondeu: "Por favor, não pare o que está fazendo! Você está fazendo um ótimo trabalho inspirando e ajudando as pessoas. Eu tenho observado você desde que você chegou aqui e, no início, como outros, eu critiquei você, mas muitas das pessoas que o criticaram, agora estão tirando o chapéu e admirando você".

Quando ele me disse isso, parecia que estava me dando um presente. Quando eles me julgaram, não sabiam o quão comprometido eu era. Não era apenas por diversão que eu jogava capoeira na rua - era parte do meu caminho para o meu propósito. Estava comprometido em viver minha vida sendo eu mesmo. Esse encontro me deu a perspectiva de outra pessoa sobre como meu autocomprometimento se relaciona com minha vida continuamente voltada a um propósito. Eu estava sendo verdadeiro e descobrindo quem realmente sou. Meu comprometimento pessoal tornou-se uma energia invisível, que usei para me ajudar a encontrar soluções criativas, então nunca tive que desistir de buscar meu eu verdadeiro. Isso me empurrou para a frente, mesmo quando estava fora do caminho. Isso me ajudou a encontrar coragem quando ninguém mais acreditava em mim. Isso me deu flexibilidade e resiliência para depois poder usá-las durante os eventos que vivenciei - todas essas lições fizeram de mim uma pessoa mais forte.

"Disciplina é amor próprio."
- Will Smith

Mudança não requer motivação. A mudança requer disciplina para fazer o que você disse que faria. Se você não consegue cumprir uma promessa feita para si mesmo, porque não tem vontade de cumpri-la, está preparando seu cérebro para instalar o hábito negativo de não se comprometer consigo mesmo.

Todas as mudanças começam com fazer e cumprir promessas a você mesmo. Quanto mais você fizer isso em uma dada área de sua vida, mais fácil será fazer o mesmo em outras áreas.

O DESCONFORTO DA MUDANÇA

Como palestrante, eu tinha um péssimo hábito. Muitas vezes preparava minha palestra no último minuto. Eu precisei me conscientizar do tipo de resultado que aquilo gerava. Eu queria usar o palco para fazer as pessoas se conectarem com outras pessoas por meio de exercícios interativos e, ao mesmo tempo, alcançar uma forma de pensar construtiva. Para poder passar mais tempo fazendo o que amo, precisava me tornar um palestrante de primeira linha. Quando percebi o que precisava mudar, decidi começar a praticar uma semana inteira antes de um evento. Quando decidi me comprometer com essa mudança, me senti irritado, entediado e com preguiça. Ao entender por que essas emoções surgiram, fui capaz de usar a inteligência emocional para substituir meu antigo hábito de procrastinação por um novo hábito de ensaio.

O cérebro tem três prioridades hierárquicas:

1. Segurança

2. Economizar energia

3. Prazer

Já falamos sobre como o cérebro prioriza nossa segurança, acima de nossa autorrealização, quando queremos sair da zona de conforto. Mas por que me senti desconfortável quando tentei parar de procrastinar?

O cérebro está programado para executar hábitos já instalados porque os hábitos familiares são mais seguros do que os novos. Incorporar um novo hábito também usa energia antes que o cérebro o automatize. O processo da mudança é um processo doloroso porque o cérebro vê, isso tanto como uma ameaça quanto como um dreno de energia. O cérebro não decide qual hábito é bom ou ruim. Pense em como o corpo rejeita quando alguém começa a fumar. A pessoa pode tossir e até sentir-se mal, mas se persistir, eventualmente, o cérebro desejará algo a que primeiro resistiu, e o indivíduo até sentirá prazer ao seguir com seu novo hábito de fumar. Se você quiser parar de fumar, sentirá o desconforto da mudança novamente. Mesmo que seja bom para você parar de fumar, o cérebro não necessariamente mantém essa visão.

RESULTADOS

Para ajudá-lo a entender melhor o autocomprometimento, compartilharei a história de uma pessoa de sucesso, a qual me disse:

"Quando eu era jovem, não tinha esperança. Envolvia-me em todo tipo de problema, mas, um dia, conheci um cara legal que me apoiou e deu atenção. Ele era muito rico, tornou-se meu mentor e me disse para ir para casa escrever o que eu queria em cada área da minha vida: carreira, relacionamentos e saúde. Depois de escrever, voltei e lhe mostrei. Ele então me fez uma pergunta simples que mudou minha vida:

Você está interessado em construir a vida que deseja ou comprometido em construí-la?

Qual é a diferença?

Se você estiver apenas interessado, você fará o que for conveniente e contará histórias mentirosas sobre por que não funcionou; entre tanto, se você estiver comprometido, fará o que for preciso. Você deixará de lado a história mentirosa que o impede de obter o futuro que deseja; você aprenderá a abandonar sua velha identidade para se tornar a pessoa que está destinada a ser. Autocomprometimento é a arte de "não importa o quê"; se o que eu desejo for positivo, farei acontecer. O nível de seu compromisso consigo mesmo pode ser medido pela qualidade da ação que você escolhe realizar.

> "Você só pode ter duas coisas na vida, justificativas ou resultados. Observe: as justificativas não contam."
> - Robert Anthony

Você sempre pode inventar razões válidas ou histórias mentirosas para explicar por que não está vivendo a vida que deseja. Para fazer com que a tríade trabalhe a seu favor, você precisará abandonar esses motivos e prestar atenção apenas aos resultados. Por quê? Porque os resultados não mentem. Que resultados bons e ruins você tem em sua vida agora?

Se você está vivendo a sua vida de sonho, está comprometido com essa vida. A maneira como você gerencia seus pensamentos e emoções diariamente oferece os resultados desejados. Seu autocomprometimento é a razão de você ter alcançado esses resultados. Autocomprometimento não é o que você diz, é o que você de fato pensa, sente e faz. Por que as pessoas não gostam de se comprometer? Porque quando você se compromete, você tem que mostrar resultados reais; disso, não há como escapar. Portanto, em vez de se comprometer, a maioria das pessoas diz que tentará; mas quando dizem que vão tentar, abrem espaço para justificativas que não levam a esses resultados.

BARCOS EM CHAMAS

Em 1519, o capitão Hernán Cortés desembarcou em Veracruz para iniciar sua grande conquista. Ao chegar, ele teria dado ordem aos seus homens para queimarem os navios em que chegaram. Em essência, ele não deu a eles outra opção a não ser o sucesso em seu objetivo de conquistar.

Quando você está comprometido, você tem que queimar seus barcos! O que quero dizer com isso? No início deste livro, eu disse a você que uma mulher em uma das minhas palestras no Brasil havia me dito que ela sonhou que eu escrevia um livro. Suas palavras realmente me inspiraram a fazer isso, mas o que mais me impressionou foi que ela se comprometeu a mudar de vida. Quando ela ouviu a história sobre barcos em chamas, junto com outras 500 pessoas na plateia, ela aprendeu uma lição e a aplicou em sua vida. Isso lhe deu coragem para encerrar um relacionamento destrutivo.

Queimar barcos é uma estratégia que pode ajudá-lo a permanecer comprometido com a vida que deseja criar. Esta é uma explicação fisiológica; em muitos casos, não há outra opção a não ser descobrir suas habilidades e ter sucesso. Você pode descobrir algumas habilidades que nem sabia que tinha; você pode descobrir que algumas de suas habilidades não são tão boas quanto você pensava anteriormente. Mesmo se for esse o caso, saber disso o motivará a fazer uma mudança para melhorar. Frequentemente, quando chega o momento crucial, as pessoas revelam todas as suas habilidades e determinação para realizar algo.

Que "barco" você poderia queimar para se comprometer totalmente com a vida que deseja?

____

____

____

____

Não se valha de outra opção senão a que será necessária para você ter sucesso. Há uma força enorme na experiência de "queimar os barcos". Experimente. Depois disso, você começará a encontrar maneiras de implementar sua prática rumo ao sucesso.

Não tenha medo de correr grandes riscos na vida; a vida em si já é uma viagem arriscada. Assuma riscos, falhe, aprenda e repita até atingir o sucesso.

COMPROMETA-SE COM SEUS COMPROMISSOS

Comprometa-se totalmente - ou esqueça. Se você não estiver totalmente comprometido, está apenas fingindo que está dando o melhor de si e, na verdade, está se preparando para o fracasso.

Quando você se compromete totalmente, está se armando com a crença de que terá sucesso.

Quando você realmente acredita, isso se torna um conhecimento; você se sente no meio do caminho antes mesmo de começar.

> "O universo responde ao indivíduo que se
> recusa a ser negado."
> - Less Brown

Autocomprometimento ajuda você a superar decepção, rejeição, medo, julgamento e ridicularização por aqueles que não entendem sua visão. Quando você está comprometido, é guiado por sua voz interna. Não espere que outras pessoas entendam você. Não espere que sua intenção, propósito e visão façam sentido para os outros. Comprometimento é escolher o que você acredita ser a coisa certa a fazer!

Sempre que você fala sobre sua visão ou seus compromissos, pergunte-se se a pessoa que lhe deu o feedback foi corajosa em sua própria vida. Na maioria das vezes, as críticas vêm daqueles que estavam com medo e nunca atingiram seus objetivos. A maneira ideal é ser específico sobre as pessoas cujas opiniões sobre você são importantes. Onde quer que você esteja na vida, as pessoas ao seu redor têm as mesmas vibrações. Algumas pessoas continuarão a se relacionar com você quando você mudar, mas, infelizmente, a maioria vai querer que você continue igual a elas. Um dos motivos pelos quais me mudei para outro país e para longe da família foi porque senti que eles estavam me impedindo de avançar.

> "O oposto de pertencer é se encaixar."
> - Brené Brown

Quando você precisa se distanciar da família e amigos pode se sentir muito solitário. Porém, na minha opinião, vale a pena. No final, quando você tiver realizado a mudança, aqueles que importam estarão com você. Seus antigos amigos e familiares terão que aceitar o verdadeiro você e isso não tem preço! Quem quer ser aceito simplesmente por se encaixar? Se eles não aceitarem você pelo que você realmente é, seu relacionamento com eles será construído a partir da escassez e não do amor.

Seu compromisso é entre você e você mesmo. O autocomprometimento é um acordo que você tem consigo mesmo para fazer qualquer coisa para revelar quem você realmente é. O autocomprometimento é entre você e o eu superior que você se tornará.

Não se comprometer pode ter um grande impacto em sua autoestima e autoimagem. Você começa a acreditar em si mesmo porque confia em suas próprias ideias e palavras.

> "Mantenha o compromisso com o seu compromisso."
> - Less Brown

Com o que você precisa se comprometer para poder viver a vida que deseja?

____

____

____

____

Imagine que você cumpriu as promessas que fez a si mesmo. Como seria sua vida? Como seriam seu corpo, finanças e relacionamentos?

____

____

____

____

Você pode TENTAR ou FAZER

Na programação neurolinguística (PNL), prestamos muita atenção ao que está por trás das palavras e frases e o que está sendo transmitido pelas palavras ou frases que usamos. Portanto, só usamos a palavra TENTAR quando esperamos ou presumimos o fracasso! Palavras como "tentar", "talvez", "quero" ou "esperança" indicam que não vamos nos comprometer com nossas promessas. Essas palavras criam dúvidas em nossas mentes e nas de outras pessoas e sugerem que você provavelmente não terá sucesso.

Substitua TENTAR por DECIDIR

Quando usamos palavras como "tentar", frequentemente estamos nos protegendo contra os sentimentos ruins que associamos ao fracasso.

"Bem, eu disse que tentei, e tentei mesmo."

Você não precisa ter certeza de que terá sucesso antes de começar.

Ajude a si mesmo dizendo "eu decido" em vez de "eu tentarei", admitindo para si mesmo que não há problema em não conseguir tudo de imediato. Você pode se sentir muito melhor ao dizer: "Eu decidi...". Você pode falhar uma, duas ou até várias vezes, mas você DECIDIU conseguir. Se uma pessoa fala dessa maneira, você acredita que ela vai conseguir? Como você pode começar a acreditar em suas próprias palavras? Qual visão o levaria a se comprometer?

Minha visão é:

____

____

____

____

PERDÃO

Manter nossas histórias mentirosas às vezes é o que nos impede de um compromisso conosco. Por que isso acontece? Sentimos que é culpa de outra pessoa não estarmos alcançando a vida que desejamos. É culpa de outra pessoa que nunca nos tornamos quem devemos ser.

Quando fui treinado pelo líder da equipe de Tony Robbins, percebi que deveria perdoar meus pais, se quisesse alcançar os resultados desejados.

Meu pai me ligou um dia e disse que queria me visitar na Suécia. Tive a sensação de que ele queria se desculpar. Fiquei feliz porque queria consertar nosso relacionamento. Eu mostrei a ele minha vida na Suécia e esperava que ele dissesse algo como:

"Uau, você conseguiu!"

Mas isso nunca aconteceu. De alguma forma, eu ainda queria reconhecimento pela minha receita de sucesso. No último dia de sua visita, levei-o à estação de trem para me despedir. Eu carreguei suas duas malas enquanto ele entrava no trem. Eu coloquei suas malas ao lado dele. Em seguida, demos um abraço estranho antes de nos despedirmos. Eu me virei para ir para casa quando meu pai gritou meu nome. Eu me virei e ele disse:

"Estou orgulhoso de você e te amo".

Antes que eu tivesse a chance de responder, as portas se fecharam e o trem partiu.

Durante o processo de *coaching* em Miami, fui convidado a fazer uma apresentação para os treinadores, empresários e autores de alto desempenho. Eu pensei que tinha tudo planejado. Subi no palco e comecei a apresentar minha vida. Quando iniciaram as perguntas, não percebi, mas comecei a me defender. Da perspectiva do público, me transformei em um adolescente rebelde quando falei sobre minha mãe. Todos, exceto eu, ouviram minha história mentirosa. Finalmente, o treinador me perguntou se eu poderia encontrar uma forma de perdoar minha mãe. Eu a culpava por colocar medos em meu caminho, em vez de me dar o apoio que eu precisava. Parecia que seu medo em relação ao que os vizinhos pudessem pensar era mais importante do que o amor que sentia por mim. Então, os membros da equipe responsáveis por mim sugeriram que eu deveria passar pelo processo de perdão.

Quando não perdoamos, ocupamos nossas mentes com ressentimento e isso pode nos impedir de agir e manter a consistência em relação à vida que desejamos. Comecei a perceber quanta energia gastei por não perdoar minha mãe. De vez em quando, eu costumava lembrá-la do que eu precisava dela para melhorar nosso relacionamento, mas não parecia funcionar. Naquele momento, me senti liberado ao expressar minha raiva, mas mesmo que isso servisse para dissipar um pouco a minha dor naquele momento, não me livraria da minha história mentirosa.

Era difícil para mim dizer a minha mãe que a amava. Não me recordo se um dia ela disse isso para mim. Mas o poder do perdão não decorre apenas de saber se ele é ou não merecido; o perdão nos serve para diluir ressentimentos que possam ser usados como desculpas para não vivermos a vida que desejamos.

O perdão é amor próprio. Você sabe quando perdoou alguém quando não sente mais nada. Pode ter deixado uma cicatriz em você, mas a ferida está curada e você pode seguir em frente. Depois de perdoar, você encontrará lições de vida - a minha foi a independência. Eu estava esperando a aprovação de pessoas que não podiam me dar aquilo que eu precisava de apoio, então eu tive que desenvolver esse suporte por mim mesmo. Às vezes, nos apegamos à falta de perdão porque pensamos que isso vai machucar quem nos machucou, sem perceber que somos nós os principais machucados.

"Ressentimento é como beber veneno e depois esperar que ele mate seus inimigos."
- Nelson Mandela

Você tem alguém ou algo que precisa perdoar?

____

____

____

____

A vida é ridiculamente imprevisível. Sem você poder imaginar que isso seria possível, a qualquer momento do dia você pode perder sua vida. O problema não é que morramos, e sim que caminho escolhemos na vida.

Quando você escolhe o caminho voltado a um propósito, escolhe tornar-se o seu verdadeiro eu e resistir à mediocridade.

"Existem muitos caminhos, muitas portas, mas somente um tem coração."
- Raul Seixas

ESTE LIVRO É PARA EMPODERAR OUTSIDERS

Outsiders criam seus caminhos com base em sua singularidade.

Outsiders têm grandes sonhos e não se contentam com menos.

Outsiders sabem que a única batalha que existe é entre você e você mesmo.

Outsiders não procuram as validações dos outros, mas sim a sua realização interna.

Outsiders sabem que saber sem fazer não é saber.

Outsiders podem ser mestres, mas sempre serão alunos.

MANTENHA CONTATO
COM O AUTOR

Ricardo Koanuka

ricardo.koanuka@koanuka.com

Assista ao documentário *Resilience*:

https://amzn.com/dp/B07BH5GCBJ

* 9 7 8 9 1 5 1 9 2 7 5 8 9 *